U0067580

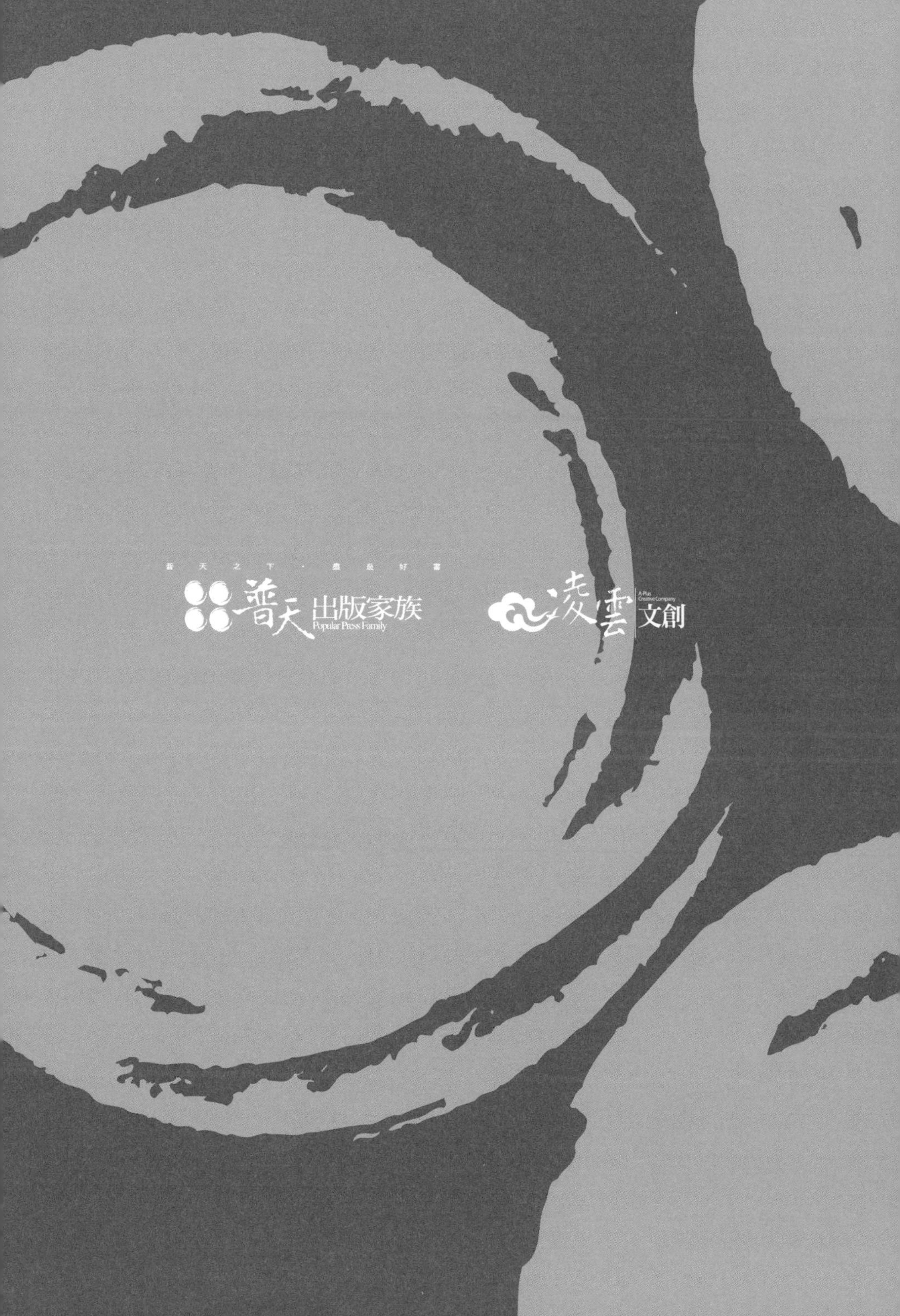
普天之下·盡是好書
普天出版家族
Popular Press Family
凌雲
A-Plus Creative Company
文創

用語氣創造運氣
的**說話智慧**

有好口氣，才有好運氣

溝通大師塞巴特勒曾經寫道：「想讓對方接受原本不想接受的看法，最好使用對方喜歡聽的語言。」

人性共同的弱點是期望獲得別人讚美、欽佩、尊重，因此，說話的最高藝術，就是用語氣替自己創造運氣，只要掌握這個人性弱點，將自己的話語裹上一層糖衣，既可以激發對方內心潛在的慾望，更可以滿足對方渴望獲得認同的心理，順利地達成自己的目的。

Success depend on the Manner of Speaking

陶然 編著

•出版序•

和別人打交道，要掌握說話辦事技巧

懂得如何說話辦事是絕大多數成功人士的兩大資本，想打開人生的僵局，想開創前程遠景，你就必須成為一名說話的高手，辦事的專家。

法國哲學家拉布呂耶爾說：「有時候，談話的妙處並不在於表達自己的想法，而是在引發別人的想法，讓他主動接受自己的觀點。」

深諳說話的藝術，人與人之間就可以在融洽愉悅的氣氛中，交流彼此的想法和看法。有時候，你和對方並沒有交集，但是，透過巧妙的說話技巧，卻可以讓彼此敞開胸懷，順利達成自己的目的。

想提昇自己的競爭力，和別人打交道，一定要掌握說話辦事的訣竅。

說話是一門技巧性很強的應對藝術，直接影響一個人辦事的成功率。也許，你對這種說法不屑一顧，甚至認爲有些可笑。事實上，你會這麼認爲，是因爲你尚未眞正悟透說話的奧妙。

美國加利福尼亞大學羅伯爾克在《說話的九大力量》一書中說：「說話看起來輕而易舉，就是要把自己要說的意思表達給對方即可。這是絕大多數人的觀點，當然也是一種淺薄的觀點。我只想問這些人一個問題，為什麼有人在應聘的時候，能夠巧妙展現自己說話的藝術，一下子就勾住老闆的心？為什麼有人應答起來張口結舌，像松鼠一樣顫抖，給老闆留下能力極弱的感覺？很顯然，說話起了關鍵性的作用。」

通用公司前總裁傑克·威爾許有一句名言：「員工的說話能力，是素質高低的試金石。」

威爾許歷練豐富、閱人無數，會這麼說，自然有一番道理。因爲，他知道最高明的說話高手深諳把自己心中的話變爲成功的因子。

說話是聰明人的成功學問。例如，戰國時期「名嘴」張儀和蘇秦就是靠高妙的說話藝術打出了「合縱連橫」的戰術，諸葛亮「舌戰群儒」更是說話的千古一絕的精彩案例。

再如第二次世界大戰時「鐵腕英雄」丘吉爾面臨德軍的強力擠壓，盪氣迴腸的演講激發了英國人民的豪情鬥志，彷彿倫敦整個上空迴盪著「永不放棄，永不放棄，永不放棄……」的戰鬥鼓聲。

試想一下，如果欠缺絕妙的說話藝術，他們豈能成就大事？

本書的特點是：

• 把自己變成一個善於說話的聰明人，用最巧妙的語言，把話說到對方的心裡，為自己順利鑿開一條成功通道。

• 學會臨機應變，把不好說出口的話，透過迂迴戰術，滲透對方的心裡。

• 學會讚美和傾聽，滿足對方的說話慾望，然後再抓住時機，設計地佈置出幾條可行的套路。

總之，會說話辦事的人知道什麼時候該說什麼，不該說什麼，知道在什麼時候該做什麼，不該做什麼。這些看似尋常，實則蘊含著大智慧、大學問。想要在現實社會中成功，不能光靠埋頭苦幹，還要靠說話的技巧、辦事的能力。

爲什麼對很多人來說，說話和辦事成爲頭等的難題，一張口就會不知所云，一動手就會亂陣腳，導致人際關係不佳？

關鍵就在於，他們沒有把說話與辦事當成一門學問認眞對待，不多加學習，自然難以心想事成。

懂得如何說話辦事是絕大多數成功人士的兩大資本，也是他們成功的跳板。想打開人生的僵局，想開創前程遠景，你就必須成爲一名說話的高手，辦事的專家，讓自己成爲受人歡迎的人！

PART 1

話不點破，臉就不會撕破

遇到意外情況使對方陷入尷尬處境時，有時候不一定非得要把話說破，讓對方難堪，只要點到為止，就能達到理想的效果，還能為對方做足面子。

PART 2

共同點是搞定對手的關鍵

共同點是雙方交往的關鍵，也是突破點，只要抓住它，就等於找到了拉近彼此距離、搞定對方的最好工具。

PART 3

循循善誘勝過苦苦哀求

苦口婆心勸說對方，他也許不願意領情；透過循循善誘，或許他反而會心甘情願乖乖地為你辦事。

PART 4

讓事實和道理說話

勸導說理要具體實在，提出事實，出言有據，只要事實確鑿，對方的觀點就會不攻自破。

PART 5

說話能力決定你的競爭力

與其說推銷語言是一門技術，倒不如說是一種藝術，因為一句話可以讓人跳，也可讓人笑。

PART 6

只要方法正確，就能有效取悅

只要方法正確，大部分的顧客很容易感到愉悅。請先讓禮貌成為你的外貌，再使用適當的說話方式，面對每個不一樣的人。

PART 7

站在對方的角度，活用說話藝術

有些顧客確實無購買能力，有些卻是想進行討價還價，推銷員一定要仔細分析其真正原因，加以擊破！

PART 8

說服的關鍵，在於口才表現

適度的自我宣傳與推銷，輔以具緩和作用的幽默感，使一切在親切融洽氣氛中進行，是達成交易的最理想情境。

PART 9

口氣決定你的運氣

如果說興趣，是談話的潤滑劑，那麼，風趣幽默就是銷售的調味料。冗長而無趣的銷售、說明是很煩人的，銷售員如不能適時來一點「噱頭」，客戶就會昏昏欲睡。

PART 10

適當的話題是交談的潤滑劑

一個銷售員的魅力，往往來自於他的博聞強記、能言善道。聊天只是為銷售增添點潤滑劑，使交談的氣氛更輕鬆，並非曲意奉承或揭人隱私。

話不點破，臉就不會撕破

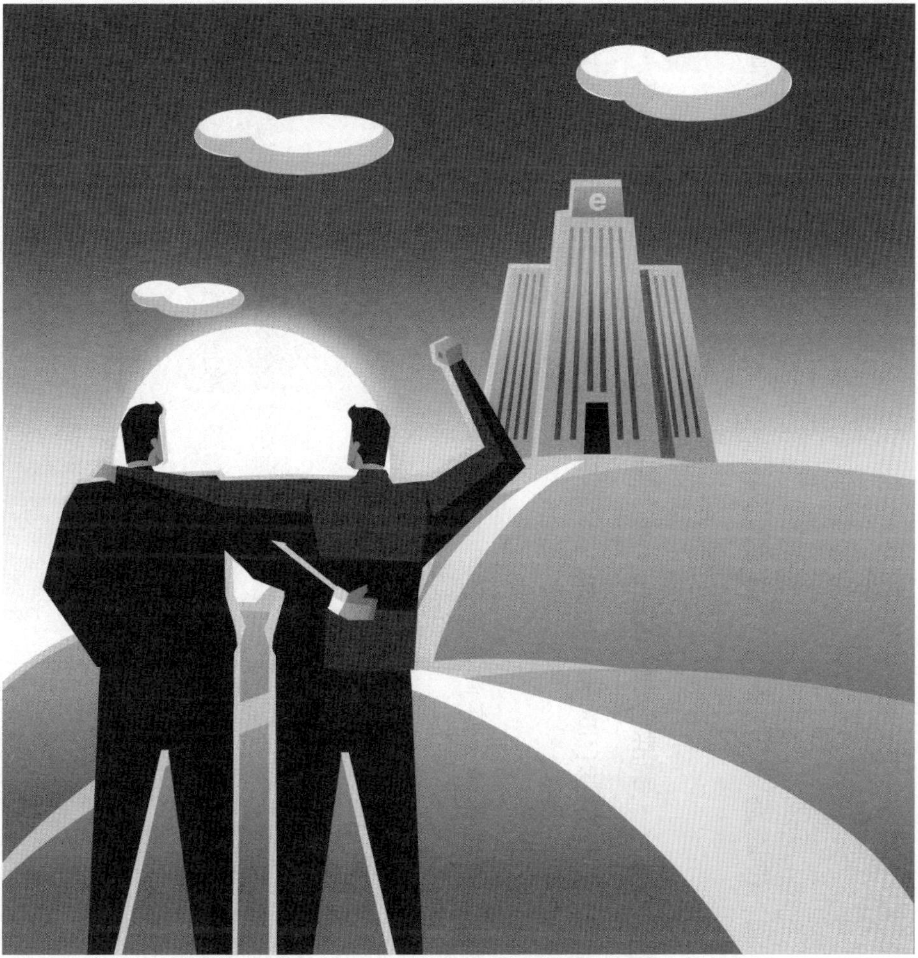

遇到意外情況使對方陷入尷尬處境時，
有時候不一定非得要把話說破，讓對方難堪，
只要點到為止，就能達到理想的效果，
還能為對方做足面子。

機智善辯搞定對手

社交過程中要善於發現問題，隨著情況的變化不斷調整應變策略，以靈活的思考為基礎，以機智搞定為難你的對手。

法蘭西斯·培根曾說：「人們常常以為自己正用理性來支配言語，偏偏大部分時候是言語在支配自己的理性。」

擅長操縱人心的人，必定懂得發揮語言的威力，讓自己無往不利。想進行有效的溝通，就必須留意自己說話的方式與口氣，用最動聽的話語，表達自己的意思。

社會是一個複雜多彩的舞台，交際是這個舞台中必不可少的角色，溝通則是扮演好這個角色的道具。

人想要適應這個社會、這個時代，就要努力扮演好自己獨特的角色。逢場作戲肯定難以長久，真心溝通、友好交流才是結識朋友、展現自我魅力的最佳方式之一。

在交際的過程當中，有時難免會遭遇到難堪或是尷尬的場面，此時就需要發揮機智。機智能使人擺脫尷尬，融洽人與人之間的關係，獲得廣泛的友誼，同時也是事業成功的重要因素之一。

機智能夠仰賴後天的培養，只要肯學、善學，就能夠獲得。

當美國第三十五任總統候選人提名時，由於甘迺迪非常年輕，所以成了他競選的不利條件。

當時，衆議院發言人薩姆．雷伯恩就曾批評：「甘迺迪是乳臭未乾民主黨領導人之一。」

甘迺迪笑道：「薩姆．雷伯恩可能認爲我年輕，不過對於一位已經七十八歲的人來說，他眼中的大部分人都很年輕。」

甘迺迪用機智回擊了他的對手，但他們並不善罷干休。哈里．杜魯門在一次全國性演說中向甘迺迪挑戰，「我們需要的是一個極其成熟的人。」

甘迺迪則還擊說：「如果年齡一直被認爲是一個標準，那麼美國將放棄對四十四歲以下所有人的信任。這種排斥可能阻止傑佛遜起草《獨立宣言》、阻止華盛頓指揮獨立戰爭中的美國軍隊、阻止麥迪遜成爲起草憲法的先驅、阻止哥倫布發現新大陸。」

一家英國電視台的記者在採訪大陸著名作家梁曉聲時提一個十分刁鑽的問題：「沒有文化大革命，可能就不會產生你們這一代作家。那麼，文化大革命在你看來是好還是壞？」

這個問題確實難以回答，文化大革命不是容易說得清楚的問題，不論回答是好是壞，都容易觸碰到敏感的政治問題，很顯然地，這名英國記者的用意是想讓梁曉聲爲難。該怎麼辦？

面對這個問題，梁曉聲鎮定自如，機智地反問：「沒有第二次世界大戰，就沒有以反映第二次世界大戰爲著名的作家。那麼，你認爲第二次世界大戰是好還是壞呢？」

聽完這樣的回答，英國記者哈哈大笑，與梁曉聲握手言和，後來二人還成了很好的朋友。

甘迺迪和梁曉聲在遭到突如其來的詰難時，以非常機智靈敏的方式巧妙地回答對方，並予以有力的反擊，最後都順利解決問題。

面對紛雜的人與事，既要善於發現問題，判定相應的對策，還要隨著情況的變化不斷調整應變策略，才能使事情朝自己期盼的方向發展。

機智的話語可以使人擺脫困境，機智的溝通方式則會使人得到意想不到的收益。當然，這都要以靈活的思考模式爲基礎。每個人都應該鍛鍊自己這方面的能力，以機智搞定爲難你的對手。

巧用暗示，點至為止

直截了當回應，很多時候不但無法有效解決問題，反而會讓情況更加複雜，不妨巧妙地旁敲側擊，用暗示的方式和對方溝通。

暗示，也是人與人之間相互影響的一種方式。

暗示往往出於特殊目的，採取隱晦、含蓄的語言和行爲，巧妙地向對方發出某種訊息，由此影響對方的心理，使對方不自覺地接受自己的建議、意向，進而改變自己的行爲。

說話的最高藝術，就是運用語氣替自己創造運氣。只要懂得用「好口氣」面對問題，溝通的對象自然而然也會善意回應，形成良性互動之後，對方便會朝你設定好的方向走去。

美國經濟大蕭條時期，想找到一份工作是很困難的。有位小女孩幸運地在一家高級珠寶店找到了一份銷售珠寶的工作。有一天，珠寶店裡來了一位衣衫襤褸的年輕人，滿臉悲愁，雙眼緊盯著櫃檯裡的寶石首飾。

這時，電話鈴響了，女孩趕忙前去接電話，一不小心碰翻了一個碟子，有六枚寶石戒指掉到地上。

她慌忙撿起其中五枚，但第六枚卻怎麼也找不到。此時，她看到那個年輕人正緊張地向門口走去，頓時知道那第六枚戒指在哪裡了。

那個年輕人走到門口時，女孩叫住他：「對不起，先生！」

那個年輕人轉過頭來，問道：「什麼事？」

女孩看著他抽搐的臉，一聲不吭。

那個年輕人又問了一句：「什麼事？」

女孩這才神色黯然地說：「先生，這是我的第一份工作，現在工作很難找，是不是？」

年輕人很緊張地看了女孩一眼，抽搐的臉才浮出一絲笑意，回答說：「是的，的確如此。」

終於，那位年輕人伸出手，說道：「我可以祝福妳嗎？」

女孩也立刻伸出手來，兩隻手握在一起。女孩仍以十分柔和的聲音說：「也祝你好運！」

隨即，那個年輕人轉身離去。女孩則慢慢走向櫃檯，把手中握著的第六枚戒指放回原處。

毫無疑問地，這是一起盜竊案，在通常情況下，大部分人會大呼小叫地抓竊賊或者報警。但是，這個女孩卻巧妙地運用了暗示，既不驚慌失措也不聲張，讓小偷主動歸還了竊物。

暗示是一種既溫和婉轉又能清晰明確表達想法的溝通藝術，運用迂迴的語言含蓄地表達意思的方法。這是交際中的一種緩衝方法，能使原本也許困難的人際交往變得順利，讓對方在比較舒適的氛圍中領悟到話中眞正的涵義。

暗示的顯著特點是「言在此而意在彼」，能夠誘導對方去領會你的語意，尋找言外之意。從心理學的角度來看，委婉暗示的話語，不論是提出自己的看法還是勸說對方，都能顧及對方的自尊，使對方更容易接受你的說法，進而達到了溝通的目的。

生活中有很多尷尬的事情發生，如果選擇直截了當回應，很多時候不但無法有效解決問題，反而會讓情況更加複雜，甚至產生難以預料的後果。

此時，不妨巧妙地旁敲側擊，用暗示的方式和對方溝通，如此將能夠產生明顯的效果，既解決了問題又不傷和氣。

話不點破，臉就不會撕破

遇到意外情況使對方陷入尷尬處境時，有時候不一定非得要把話說破讓對方難堪，只要點到為止，就能達到理想的效果，還能為對方做足面子。

人都會犯錯，難免會做一些不適當或是錯誤的事。

在這種情況下，就必須要把握好指責他人的分寸，特別是在公開場合，既要指出對方的錯誤，也要保留對方的面子。

心理學家研究顯示，每個人都不願自己的錯誤或隱私在公眾面前「曝光」，一旦出現這種情況，就會感到難堪或惱怒。

因此，在交際中，如果不是爲了某種特殊的需要，應該儘量避免觸及對方的敏感區，更要避免使對方當衆出醜。必要之時，可以委婉地暗示對方的錯誤或隱私，

造成他心理上的壓力，但不能過分，要點到為止。

北京一家知名的飯店裡，一位外賓吃完一道茶點後，順手把精美的景泰藍筷子悄悄地插入自己的西裝內裡口袋。

這一切被服務小姐看在眼裡，她不露聲色地迎上前去，雙手拿著一只裝有一雙景泰藍食筷的綢面小匣子，和顏悅色地對外賓說：「我發現先生在用餐之時，對我國景泰藍筷子愛不釋手，非常感謝您對於這種精細工藝品的賞識。為了表達我們的感激之情，經餐廳主管批准，我代表本店將這雙圖案最為精美，並且經過嚴格消毒處理的景泰藍筷致贈給您，並且依照飯店的『優惠價格』記在您的帳簿上，您看好嗎？」

這位外賓當然明白這些話的弦外之音，當即表示了謝意，接著解釋道：「我多喝了幾杯，頭有點暈，不小心將筷子放進衣袋裡。」並藉此「台階」說：「既然這種筷子不消毒就不好使用，我就『以舊換新』吧！哈哈……」說著，他取出內衣口袋裡的筷子，放回餐桌上，然後接過服務小姐給他的小匣，不失風度地向結帳處走去。

另一方面，當對方由於某種原因處於尷尬處境時，同樣地，你也可以爲對方留足面子。既能使當事者體面地「順著台階下」，又儘量不讓在場的旁人覺察，這才是最巧妙的搞定事情的方法。

一次，一位外國客人在一家五星級飯店擺席宴客，宴請十個人，卻只要了三瓶酒。飯店女服務員知道十個人五道菜，起碼得開五瓶酒，看來這位客人手頭似乎不怎麼寬裕。於是，她不露聲色地親自爲客人斟酒。

五道菜之後，客人們酒杯裡的酒還滿著。這位外賓的臉上很光彩，感激這位服務員爲他圓了場，臨走時表示下次還會來這裡。

威廉·薩菲爾曾說：「與人溝通，必須先理清自己的思緒，說話要言之有物，以此說服、引導、感染和勸誘對方。」

想把自己的想法滲透到對方心裡，就要懂得站在對方的角度，說對方最聽得進

去的話語，如此一來，對方欣然接受的程度肯定會高出許多。

只要你掌握了人性的特點，將自己的話語裹上一層糖衣，往往可以獲得對方的認同，順利地達成自己的目的。

善於交往的人往往都會不動聲色地讓對方擺脫窘境。

如果服務員由於客人只開三瓶酒而嫌他吝嗇，不懂得悄悄爲他圓場，甚至刻意讓他出醜，這樣就會失去一位「回頭客」。

遇到意外情況使對方陷入尷尬處境時，有時候不一定非得要把話說破讓對方難堪，只要點到爲止，就能達到理想的效果，還能爲對方做足面子。

當你在爲對方提供「台階」的同時，如果能採取某些更加妥善的措施，及時爲對方的面子上再增添一些光彩，那無疑是最好的應對方式，會使對方加倍感激你。

好言相勸勝過惡語相對

人的想法不易改變。你不能強迫他們同意你的觀點，但你完全有可能引導他們，只要你溫和友善且言之有理。

再怎麼有修養的人，有時也許會激怒了他人，或者被人激怒。

人被人激怒，也許就會激動地說出一大堆氣話，在情緒宣洩的當下確實能夠消除自己的憤怒，讓自己感到分外輕鬆，但是，你有沒有站在對方的立場著想？有沒有想過別人會有什麼感受？

「假如你握緊雙拳找上我，我想我也會不甘示弱。」伍德羅．威爾遜說道：「但是，假如你對我說：『讓我們坐下來討論。』如果我們的意見不同，那就找出

不同之處在哪裡，問題的癥結在哪裡，那麼，我是可能接受的。我們也許只在部分觀點不同，但大部分還是一致的。只要彼此有耐心，願意開誠佈公，還是可以達到一致的步調。」

威爾遜的這番說法顯然還不及小洛克菲勒。

一九一五年，發生了美國工業史上最激烈的罷工，並且持續了兩年之久。

在科羅拉多州，憤怒的礦工要求科羅拉多燃料鋼鐵公司提高薪水，當時小洛克菲勒正負責管理這家公司。由於群情激憤，公司的設備遭受破壞，政府還派軍隊前來鎮壓，因而造成流血衝突，不少罷工工人被射殺。

那樣的情況之下，可說是民怨沸騰。但小洛克菲勒最後卻贏得了罷工者的信服，他是怎麼做到的呢？

小洛克菲勒花了好幾個星期結交朋友，並向罷工者代表發表演說。那次的演說相當精采，他不但平息了衆怒，還爲他自己贏得了不少讚賞。

演說的內容是這樣的：

「這是我一生當中最値得紀念的日子，因爲這是我第一次有幸能與這家大公司的員工代表們見面，還有公司行政人員和管理人員。我可以告訴你們，我很高興能夠站在這裡，有生之年都不會忘記這次聚會。」

「假如這次聚會提早兩個星期舉行，那麼對你們來說我只是個陌生人，我也只認得少數幾張面孔。但由於這兩個星期以來，我有機會拜訪整個南區礦場的營地，私下和大部分代表交談過。我拜訪過你們的家庭，與你們的家人見面，因而現在我不算是陌生人，可以說是朋友了。基於這份互助的友誼，我很高興有這個機會和大家討論我們的共同利益。」

「由於這個會議是由資方和勞工代表組成，承蒙你們的好意，我得以坐在這裡。雖然我並非股東或勞工，但我深覺與你們關係密切。從某種意義上說，也代表了資方和勞工。」

多麼出色的一番演講，這可能是化敵為友的一種最佳藝術表現形式之一。

假如小洛克菲勒採用的是另一種方法，與礦工們爭得面紅耳赤，用不堪入耳的話語辱罵他們，或暗示錯在他們，用各種理由證明礦工的不是，那麼結果只會招惹更多的怨憤和暴行。

假如人的心裡忿忿不平，對你的印象惡劣，那麼，就算你說破了嘴皮子，也很難使他們信服。

想想那些好責備的雙親、專橫跋扈的上司、嘮叨不休的妻子，我們就應該體認到一點——人的想法不易改變。你不能強迫他們同意你的觀點，但你完全有可能引導他們，只要你溫和友善且言之有理。

先搞定心情，再搞定事情

只有掌握說話的藝術，進行良性溝通，才能扭轉人心，只要搞定了人的心情，處理起事情就輕鬆多了。

林肯常常說一句古老且顛撲不滅的處世眞理：「一滴蜂蜜要比一加侖的膽汁能招引更多蒼蠅。」

處理事情也是如此，想解決事情，必須先贏得人心；想贏得人心，首先要讓他人相信你是最眞誠的朋友，那樣就像有一滴蜂蜜吸引住他的心，接著就能搞定所有事情。

商界人士都知道，對於罷工者表示友善的態度是必要的。舉例來說，懷特汽車公司的某個工廠有二百五十名員工，因要求加薪不成而進行罷工抗議。

當時公司的總裁羅伯·布萊克沒有採取動怒、責難、恐嚇或發表霸道言論的做法，而是在報上刊登一則廣告，稱讚那些罷工者「用和平的方法放下工具」。布萊克發現罷工的員工無事可做，便買了許多球棒和手套讓他們在空地上打棒球。有些人喜歡保齡球，他便租下一個保齡球場。

布萊克富於人情味的舉止，得到的當然是富有人情味的反應。那些罷工者找來了掃把、畚斗和推車，開始把工廠附近的紙屑、煙蒂等垃圾掃除乾淨。這真是想像的景象！一群罷工工人在爭取加薪的同時，竟然清掃工廠附近的地面！這在漫長、激烈的美國罷工史上是絕無僅有的。這次罷工終於在一星期內獲得和解，並沒有產生任何不快或遺恨。

美國著名律師丹尼·韋伯斯特之所以被許多人奉若神靈，就在於他也相當懂得運用溫和的、尊重對方的話語來處理事情。

雖然他的聲譽如日中天，但他那極具權威的辯論始終充滿了溫和的字眼，他的辯論中經常出現這些詞語：「這有待陪審團的考慮」、「這也許值得再深思」、

「這裡有些事實，相信您沒有疏忽掉」、「這一點，由您對人性的瞭解，相信很容易看出這件事的重大意義」……這些言詞沒有恫嚇，沒有高壓手段，沒有強迫說明的企圖，韋伯斯特用的都是最溫和、平靜、友善的處理方式，但仍不失權威性，這正是他成功的最大助力。

人與人之間難免產生摩擦和衝突，需要進行理性溝通，惡言相對是說話，好言相勸也是說話，但兩者產生的效果卻截然相反。能說、會說的人在處理事情時絕對不會採取前者，那樣反而會讓事情往更糟的方向發展。

只有掌握說話的藝術，進行良性溝通，才能扭轉人心，只要搞定了人的心情，處理起事情就輕鬆多了。

嘮叨無法達成你的目標

破壞家庭的魔鬼中，最惡毒的就是嘮叨，它就像原子彈，既讓家庭生活無法安寧，也將自己炸得體無完膚。

許多哲人都強調，在破壞愛情的惡魔中，最具有殺傷力的就是嘮叨。它給婚姻帶來的只有分裂，最終還會以悲劇收場。婚姻也是人際關係的一種，想經營好自己的婚姻，第一個守則便是：別讓嘮叨有機可乘。

拿破崙的侄子——拿破崙三世被號稱全世界最美的女人尤琴．德伯女伯爵深深吸引，打算與她共組家庭。

拿破崙三世的顧問對他說：「尤琴．德伯既沒有顯赫地位，也沒有至高的權勢，只是西班牙一個伯爵之女，和您根本毫不匹配。」但是，拿破崙三世卻說：「這些都不重要。我被她高雅的氣質、青春活力和迷人的美貌折服了。」

後來，他不顧全國人民反對，與尤琴．德伯結婚。婚後拿破崙三世夫婦倆過著幸福美滿的生活，婚姻的聖火在人世間熾熱地燃燒。然而，這段美滿的婚姻很快化爲灰燼。儘管拿破崙三世擁有至高無上的權力，讓尤琴當上皇后，也有數不盡的財富可以供尤琴享樂，可是這些依然無法阻止她的嘮叨和挑剔。

過分的嫉妒和猜疑，使尤琴無視拿破崙三世的命令，有時拿破崙三世在處理國務時，尤琴會衝進他的辦公室無理取鬧；在他與幕僚商討重大國事時，她也會前來干擾。她總是懷疑拿破崙三世對她不忠，懷疑他與其他女人鬼混。她經常跑到她姐姐那裡，向她抱怨自己丈夫的過錯，不是這不好就是那不好。

當拿破崙三世回到宮中，她總是對他嘮嘮叨叨、哭鬧不休，威嚇性的話也經常說出口。有時，她還會強行衝進丈夫的書房，不顧場合地對他大發雷霆，用惡言惡語辱罵他。

種種惡行讓拿破崙三世認爲自己無法繼續維持這樣的家庭生活了。

拿破崙三世貴爲法國皇帝，在尤琴面前卻沒有絲毫尊嚴可言，即使擁有無盡的財富卻苦無安身之處。漸漸地，他開始跟一個親信在半夜從小側門悄悄地溜出去尋找一位善解人意的女孩，或是參觀古老的巴黎。

這就是嘮叨造成的結果。

尤琴擁有法國皇后的崇高地位和權利，擁有超凡脫俗的美貌，但卻毀在嫉妒、猜疑和喋喋不休當中，無疑是相當令人惋惜的。

事實上，她可以選擇良性互動，也可以用更婉轉、更貼心的手法，牢牢綁住拿破崙三世的心。

破壞家庭的魔鬼中，最惡毒的就是嘮叨，而且它總會得逞。它就像原子彈一樣具有毀滅性，既讓家庭生活無法安寧，也將自己炸得體無完膚。

破壞了自己的家庭，破壞了自己的形象，讓原本美好的愛情和圓滿的家庭就這麼毀於「嘮叨」，這是何苦呢？

婉言提醒勝過嚴詞批評

婉言提醒的解決方式，遠比一味的指責來得聰明，也比較沒有後遺症，因為你成功地抓住了這個犯錯的人的心。

每個人做事都難免會出現失誤，不必事事求全，也不必厲聲責備。迫不得已必須批評別人時，也應該注意說話的技巧，不能譏諷、挖苦，那將會傷害到對方的自尊心，引發更多難以預測的後果。

應該儘量以平和或溫和的態度面對你的批評對象，剔除情緒的成分，調整好適當的表情、態度、聲調，讓原本刺耳的批評話語不那麼尖銳，進而產生更積極的效果。

美國一位著名的飛行員，經常參加飛行表演。

有一次，他在聖地牙哥舉行空中表演，返回洛杉磯基地的途中，飛機的兩個發動機在飛至三百公尺高時突然熄火，幸好他臨危不亂，憑著熟練的技術讓飛機安全降落。

雖然沒有任何傷亡，但是飛機卻遭到了嚴重的損壞，著陸之後，他立刻檢查飛機燃料，果然如他推測，加錯了燃料。

回到機場後，他要求見那位爲他的座機服務的機師。當時，那個年輕人已經爲自己的過失感到非常苦惱，當飛行員走近他時，甚至哭了出來。由於他的過失，一架非常昂貴的飛機被毀了，而且差點使三個人送命。

然而，這位飛行員沒有像人們想像的那樣，怒氣沖沖地指責那位機師的失誤，而是上前摟著他的肩膀說：「爲了向你表示我堅信你不會再發生這類失誤，我希望你明天爲我的**F-15**提供最優質的服務，如何？」

後來這位機師不但沒有再犯那樣的錯誤，而且表現得更加出色。

人做錯事時，內心往往會反省，覺得抱歉、慚愧、恐慌、不知所措，此時如果再加以批評指責，只會讓他更加羞愧難過，有的甚至會惱羞成怒，伺機暗中報復。

但如果轉換語氣，就能獲得很好的效果，例如「以後做事，要更加注意」或是「我想，下次你一定不會再犯類似的錯誤了」，諸如此類的話，對方聽了不僅會感激你對他的信任，同時也能感受到你的眞誠，更重要的是，能讓他心中產生改正錯誤的信心。對方在今後的工作、生活當中，也必定會更加小心謹愼，不再犯同樣的錯誤。

婉言提醒的解決方式，遠比一味的指責來得聰明，也比較沒有後遺症，因爲你成功地抓住了這個犯錯的人的心。

真情表白，找個好工作並不難

在求職面試過程中，真情表白是牽動主考官心弦的繩索。只要能夠引起注意，就意味著你有希望取得應徵的職位。

求職過程中，面試是必不可少的一道關卡，唯有懂得通關密碼，它才會引領你步入職場的大門。

面試時必定會有言語上的溝通，如果在溝通的過程中懂得運用幾句精妙絕倫的話打開主考官的心扉，那麼將使你在求職的過程中攻無不克。

李小姐到台北求職，到無數家公司面試，面試之後卻都沒有了下文。

這是她第二次到這家公司求職，上次沒有獲得錄用，這次她鼓起勇氣再度上門應徵。人事部的張小姐大略看了一下她的履歷表之後，便安排她進去見總經理。於是，她整理了一下衣著，走進豪華的總經理辦公室，一位白髮蒼蒼的老人懶洋洋地說了聲「請坐」。

爲了打破僵局，李小姐說：「您好，這是我的履歷表，來貴公司應徵商務代表。」接著把履歷表小心翼翼地遞上去。

「嗯。」總經理隨意瀏覽後信手把履歷表丟進旁邊一堆資料上。

看到這個舉動，李小姐感到心灰意冷。看著忙碌的總經理，心中頓時湧上一股悲涼，接下來她回答的問題連自己都覺得僵硬不自然。

面試結束了，老闆面無表情地說：「好了，妳可以走了。」

再次被拒絕使她備感失落。剎時間，一種想要扭轉乾坤的念頭緊緊纏繞著李小姐，她大步走到總經理面前，堅定地說：「總經理，請給我一次機會，這次應徵我不想失敗，我相信我可以，因爲我不怕任何競爭的壓力，我期待能與貴公司甘苦與共，我一定可以的，一定……」

語一說完，李小姐的眼眶溼溼的，這段時間累積的疲憊、壓力、擔憂、辛酸都

湧了上來，但她仍然努力抑制自己的情緒，堅強、從容地走出了總經理辦公室。第二天，李小姐的手機響了，是張小姐的聲音，她告訴李小姐，她被總經理錄用了。

在求職面試過程中，一段眞情的表白是牽動主考官心弦的繩索。只要能夠引起面試者的注意，就意味著你有希望取得應徵的職位。因此，這段成功的眞情表白，就成了與考官溝通、獲取職場「敲門磚」的金玉良言。

機會總是青睞做好準備的人，當你還沒沒無聞時，就要不斷地充實自己、完善自我，機會一旦來臨，就能順利地打開成功的大門。

自我推薦，別人才看得見

在適當的時候把握機會展現自己，把自己的過人之處突顯出來，給自己一次機會，也給他人一次機會。

我們時常聽到有些沒能力又不努力的人，大言不慚地抱怨自己懷才不遇，是匹沒有遇上伯樂的千里馬。

其實，會說這種話的人都是經不起檢驗的庸才。在職場上，根本不存在懷才不遇，關鍵在於你究竟有多少能耐，又如何表現自己。只要能力夠，又懂得把握住表現的機會，適時地展現自己，那麼成功將離你不遠。

戰國時代，趙國與秦國作戰屢戰屢敗，因此公子平原君向楚國求援。

他計劃從門下的食客中挑選二十名德才兼備的人和他一同前往楚國，但選出十九位之後就再也選不出最後一名了。

正當平原君感到一籌莫展時，一位名爲毛遂的人要求加入。

平原君以懷疑的態度對毛遂說：「凡人在世，如同錐子裝在袋子裡面，若是夠銳利，尖端很快就會戳穿袋子，展露鋒芒。你在我門下三年卻沒沒無聞，是不是我沒有給你表現的機會呢？」

毛遂說：「我之所以沒有用武之地，就是因爲我一向沒有機會，如果把我放在袋子裡面，不僅尖端，甚至連柄都能穿出袋子。」

平原君聽了話，同意讓他加入，一群人便前往楚國求援。到了楚國，毛遂果然大展鋒芒，幫助平原君完成了任務，令其他門客望塵莫及。

其實，機會的把握，取決於兩方面：

- 自己是否具備了讓人肯定的能力。
- 自己是否能在適當的時候表現自己。

毛遂在平原君門下三年卻沒沒無聞，導致平原君從來不曾注意到他。一方面是因為毛遂沒有機會表現自己的才能，另一方面是平原君根本不曾與毛遂進行交流，因此當然就不瞭解毛遂的雄才偉略。

所以說，在適當的時機展現自己，是在職場上取得勝利的要訣。當然，想表現自己也要有「資本」，千萬不能譁衆取寵。

毛遂自薦的例子應該讓我們引以為戒，應當在適當的時候把握機會展現自己，把自己的過人之處突顯出來，給自己一次機會，也給他人一次機會。

用祝願式言語增進情誼

雖然祝願式的言語不一定有邏輯性，但只要話語中包含誠心的祝福，對方自然樂於接受，也就有益於促進彼此間的關係了。

好聽的話語人人愛聽，所以在人際交往的過程中，多說點好聽話能減少彼此之間的摩擦，加強彼此的情誼。所謂的「好聽話」不單是指稱讚對方的話語，同時還包含帶有祝願意味的話語。

祝願式言語主要強調一種美好的意願與說者真摯誠懇的感情，是用一種友好的心情去祝對方的未來發展狀況順利、一切心想事成。這類話語不一定合情合理，但由於話中帶有善意，所以聽者多半會欣然接受。

在某間飯店的公關部售票台前，有位客人匆匆來到櫃檯前要訂車票。

「早安！」辦事員很有禮貌地站起來招呼。

「我要三張後天去紐約的九十一號列車車票。」這位客人不耐煩地說。

見客人情緒不佳，辦事員立即將訂票單取出，幫客人登記。當寫到車次時，他習慣性地問：「先生，萬一這趟車訂不到，三一一或三〇五號列車可以嗎？它們的發車時間是……」

但沒等對方說完，客人就連說：「不行！不行！我就要搭九十一號列車。」

辦事員又強調：「萬一……」

沒想到這番好心反而把客人惹火了。「什麼萬一？你們是爲客人服務的，怎能這麼說？」客人有些惱怒。

這時，這名辦事員立即意識到自己說話的方法不妥，差點把客人趕跑了。他根據對方回應的信息，立即調整話語，轉換語氣說：「我們一定盡最大努力，設法爲您買到票。」客人這才滿意地離去。

第二天客人來取票時，根據前一天打交道的情況，辦事員一改態度，笑瞇瞇地

對他說：「先生，您的運氣眞好，明天九十一號列車的車票恰好只剩三張票，我已經幫您買下來。先生，您的運氣這麼好，肯定是要發財了。」

客人一聽，立即眉開眼笑，還到販賣部買了一大包零食請辦事員吃，而且從此以後，成了這家飯店的忠實顧客。

上面例子中的辦事員，從買到車票的幸運「推測」出「發財」一說，這兩者之間沒有必然性可言，也不具備多少合理性，但重點在於它是一句人人都愛聽的好聽話，讓人聽了就開心。

祝願式言語帶有濃厚的情感色彩，需要內含眞實的情感，並給予對方最爲貼切的讚美。雖然祝願式的言語不一定有邏輯，但只要話語中包含誠心的祝福，對方自然樂於接受，也就有益於促進彼此間的關係了。

輯2.

共同點是搞定對手的關鍵

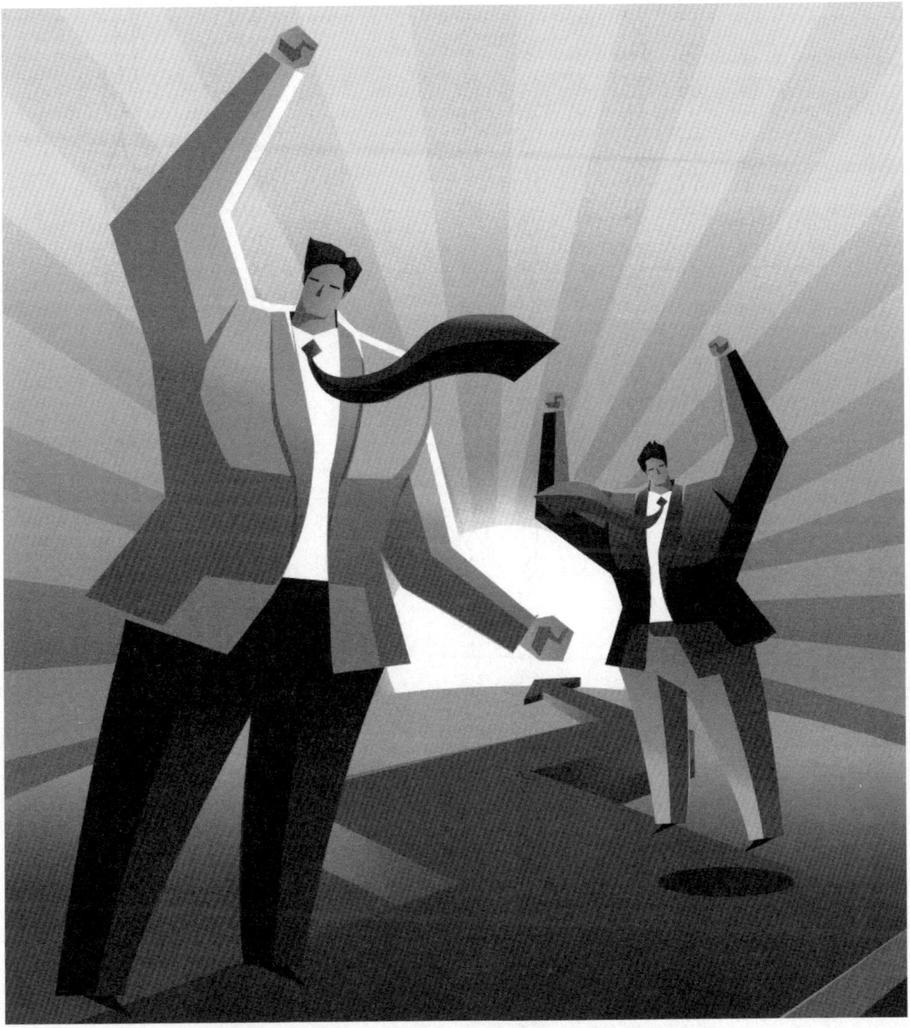

共同點是雙方交往的關鍵，也是突破點，只要抓住它，
就等於找到了拉近彼此距離、搞定對方的最好工具。

記住別人的名字，是成功的第一步

記住他人的名字，而且很容易地喊出來。這就是搞定人的重要方法之一，也是成功交際的法則。

大家都知道，唯有具備良好的社交能力，才能在現代社會遊刃有餘。那麼，社交的秘訣是什麼？要如何才能使自己成為左右逢源的成功人士，解決別人解決不了的人和事呢？

記住並且重視別人名字的方法，就是許多領導人成功的秘訣之一。記住別人的名字，對於被喊出名字的人來說，無疑是語言中最甜蜜、最重要的聲音。掌握了這項心理特質，你就邁出了成功的第一步。

一八九八年，紐約的洛克蘭發生一場悲劇，一個孩子死了。

這天，鄰居們正準備去參加葬禮，法里走到馬房去牽他的馬。地上堆滿積雪，空氣寒冷，那匹馬好幾天沒有運動了，當牠被牽到水槽的時候便歡欣鼓舞起來，把兩腿踢得高高的。

結果，很不幸的，法里就這麼被踢死了。因此，這個小小的鎮上，一個星期內舉行了兩次葬禮。

法里留下一個寡婦和三個孩子，還有幾百美元的保險金。他最大的兒子吉姆才十歲，爲了協助維持生活，必須要到一個磚廠工作——運砂，把砂倒入磚模，再把磚坯轉換方向在太陽下曬乾。

這個孩子一直沒有受教育的機會，但是，有一種讓人喜歡他的特質。後來，他走上了政治舞台，更練就一種記住他人名字的驚人能力。

他沒有進入任何一所中學就讀，但是在他四十六歲的時候，有四所學院授予他榮譽學位，同時也成爲民主黨全國委員會主席、美國郵政總局局長。

有位記者前去訪問吉姆，請教他成功的秘訣，他說：「努力工作。」

記者聽了說：「您別開玩笑了。」

他接著問記者認為他成功的理由是什麼。記者回答：「聽說你可以喊出一萬個人的名字。」

「不，我能叫出五萬個人的名字。」他笑著說。不要忽視這一點。他的這項能力曾幫助富蘭克林．羅斯福進入白宮。

在吉姆為一家石膏公司推銷產品的那幾年，以及升任小鎮上公務員之前的那幾年，他創造了一套記住別人姓名的方法。

這是一個非常簡單的方法，每次他新認識一個人，他就問清楚那個人的全名、家庭人口、他的職業以及政治觀點。

他把這些資料全部記在腦海裡。當他第二次他碰到那個人的時候，即使過了一年，他還是能夠拍拍對方的肩膀，詢問起他的妻子和孩子的情況，以及他家後院種的那些植物。

難怪他有一大群擁護他的人！

在羅斯福競選總統活動展開後，吉姆每天都寫好幾百封信，給遍佈在美國西部

和西北部各州的人們。

然後，他跳上火車，在十九天內足跡踏遍了十九個州。那一萬二千英里的路程，他以馬車、火車、汽車和輕舟代步，每到一個市鎮，就跟他認識的人共進早餐或午餐、喝茶或者吃晚飯，跟他們暢談肺腑之言，然後又繼續往下一站前進。

等他回到東部，又將所有和他談過話的人名單加以整理，這名單上的每一個人，都會收到一封吉姆的私函，那些信都以「親愛的比爾」，或者「親愛的傑克」開頭，結尾總是簽上「吉姆」。

吉姆能從一個輟學的孩童躍居爲成功人士，關鍵在於他很早就發現，一般人對於自己的名字比對地球上所有名字的總和還要感興趣。

輕鬆喊出他人的名字，是獲取別人好感的一種相當有效的手段。

記住人們的名字，而且很輕鬆地就能喊出來，等於給予別人一個巧妙又有效的讚美。如果不肯用心，老是把別人的名字忘掉或者寫錯，你就會讓自己處於非常不利的地位。

因此，如果想獲得別人的好感、廣交朋友，順利推動自己的計劃，請務必記得：記住他人的名字，而且很容易地喊出來。這就是搞定人的重要方法之一，也是成功交際的法則。

迎合對方口味，就能事半功倍

投顧客所好，找對方向入手。迎合對方的口味，便能事半功倍，反之，往往會導致交易的失敗。

推銷這一行，是對語言藝術運用得較多的行業之一。

在推銷的過程中，打動顧客購買產品是唯一的目的，但說話一定要講究技巧與方法，必須挑一些顧客喜歡聽的、顧客感興趣的話，只要投其所好，成功的大門便會向你敞開。

小劉是一名天然食品的推銷員。一天，他一如往常，向一位陌生的中年顧客講解蘆薈精的功能、效用，但對方顯然對此並不感興趣。

正當小劉識趣地準備向對方告辭時，突然看到顧客家的陽台上擺著一盆精美的盆栽，裡面栽種著紫色的不知名植物。於是，小劉請教對方：「好漂亮的盆栽，市面上似乎很少見，它是特殊品種吧？」

顧客自豪地說：「它確實相當罕見。這種植物叫嘉德里亞，是蘭花的一種。它美在那種優雅的風情。」

「的確如此。我想它一定很昂貴吧？」小劉接著問道。

「是的。僅僅這個小小的盆栽就要四千元呢！」顧客從容地說。

小劉故作驚訝地說：「什麼？四千元……」

「蘆薈精也不過一瓶兩千元，這個顧客這麼捨得花錢，應該可以做成這筆交易。」小劉在心裡暗自推想著。於是，他把話題重點慢慢轉向盆栽：「這種花每天都要澆水嗎？」

「是的，它需要細心呵護。」

「那麼，您對這盆花的感情應該很深了，它也算是家中的一份子吧？」

這位顧客覺得小劉對蘭花似乎很有心，於是開始傳授有關蘭花的學問，小劉聚

精會神地聆聽。

過了一會兒，小劉悄悄地將把話題轉到了自己的產品上，對這名顧客說：「太太，您這麼喜歡蘭花，想必對於植物應該也很有研究，您一定是個高雅的人，肯定也知道植物能爲人類帶來諸多好處，帶給您溫馨、健康和喜悅。我們的產品正是從植物裡提取的精華，是眞正的綠色食品。太太，不如今天就體會一下天然食品的功效！」

結果對方竟然爽快地答應了！她一邊打開錢包，一邊還說道：「小伙子你眞是有心人，即使是我丈夫也不願聽我嘮嘮叨叨講這麼多，但你卻願意聽我囉嗦，還能夠理解我這番話。希望改天再來聽我談蘭花，好嗎？」

在商業經營銷售中該如何抓住顧客的心理呢？這裡頭有些訣竅，最重要的是看顧客需要什麼。

第一是，安全可靠；第二是，避免不安全。

消費者購買產品之後，要求產品在使用過程中，不會爲消費者本人和家人的生命安全或身心健康帶來傷害。

人們之所以買保險或把錢存入銀行，是因爲他們希望年邁或遇到困難時能夠得到保障；人們之所以購買防盜門鎖是由於害怕缺少這些東西可能會帶來惡果，爲了安全，寧願在這方面投資。

生意場上只要能投顧客所好，就很有可能成功，但這需要具備一定程度的應對智慧與敏銳的洞察力，才能找對方向入手。迎合對方的口味，便能事半功倍，反之，往往會導致交易的失敗。

投其所好，就能讓關係更好

在對對方的基本情況瞭若指掌的前提之下，做好以不變應萬變的心理準備。然後投其所好，讓對方產生「相見恨晚」的感覺，贏得對方信任。

在變動不羈的競爭環境中，想要拉攏某些關鍵人物，幫助自己拓展版圖，聰明的人會根據不同的情勢，採取相應的作戰方針，不管伸縮、進退，都進行客觀的評估，如此才能獲得勝利。

擬定作戰方針之時，最重要的一點是摸清對方的喜好。

在和對方正式交往之前，應該儘量對他的職業、性格、興趣愛好等有全面的瞭解，如此才能在交往的過程中投其所好，讓關係更好。

盛宣懷是晚清一位知名的大商人。

有一次，在李蓮英的推薦之下，醇親王特地在宣武門內太平湖的府邸接見盛宣懷，向他垂詢有關電報的事宜。

盛宣懷之前從未見過醇親王，但與醇親王的門客張師爺過從甚密，從他那兒，瞭解醇親王兩個方面的情況：

一、醇親王跟恭親王不同，恭親王認爲中國要效法西方，醇親王則認爲中國不比西方差。

二、醇親王雖然好武，但自認爲書讀得不少，頗具文采。

盛宣懷瞭解情況之後，就到身爲帝師的工部尚書那裡抄了些醇親王的詩稿，背熟了好幾首，以備「不時之需」。盛宣懷還從醇親王的詩中悟出他的心思，胸有成竹之後便前來謁見醇王。

當他們談到電報的時候，醇親王問：「電報到底是什麼東西？」

「回王爺的話，電報本身並沒有什麼了不起，全靠活用，所謂『運用之妙，存乎一心』，如此而已。」

醇親王聽他能引用岳飛的兵法名言，便開始對他另眼相看，隨即問道：「你也讀過兵書？」

「在王爺面前，怎麼敢說讀過兵書？想當年英法內犯，文宗皇帝西狩，憂國憂民，竟至於駕崩。那時如果不是王爺神武，力擒三凶，大局真不堪設想。」盛宣懷略停了一會兒又說：「那時，有志氣的人，誰不想洗雪國恥，宣懷也就是在那時候自不量力，看過一兩部兵書。」

盛宣懷真是三句話不離醇親王的「本行」和他的「豐功偉績」，接著又把電報的作用描繪得神技其巧。醇親王聽了感覺飄飄然，乾脆把督辦電報的業務託付給盛宣懷。

如果一個人特意要去結識一個從未打過交道的陌生人時，應當把這個過程當成一次人生的挑戰，事先做好充分的準備。

會晤之前可以透過多種管道瞭解對方的背景、經歷、性格、喜好，在對對方的基本情況瞭若指掌的前提之下，設想對方可能提出的問題，或是會遭遇什麼狀況，做好以不變應萬變的心理準備。

如此，正式見面之時，便可以針對對方的特點有的放矢、投其所好，讓對方產生「相見恨晚」的感覺，進而贏得對方信任。如此一來，你便搞定了這個人，也搞定了讓自己備感棘手的事情。

共同點是搞定對手的關鍵

共同點是雙方交往的關鍵，也是突破點，只要抓住它，就等於找到了拉近彼此距離、搞定對方的最好工具。

與意氣相投的人在一起，往往會有酒逢知己千杯少的感覺，總是覺得彼此有說不完的話題。

因此，當我們和陌生人往來時，不妨多尋找彼此在興趣、性格、閱歷等方面的共同之處，使雙方在越談越投機的過程當中，獲得更多關於對方的資訊，迅速拉近距離，增進感情。

只要和對方意氣相投，往往會帶來意想不到的收穫。

老張最喜歡的一件外套被洗衣店的人熨了一個焦痕，決定向洗衣店要求賠償。他與洗衣店的員工做了幾次交涉，都沒有獲得滿意的結果，於是決定直接找洗衣店的老闆談。

進了辦公室，看到洗衣店老闆面無表情地坐在那兒，老張心裡覺得更不爽快了。「老闆，我剛買的衣服被你的員工——不負責任的員工熨壞了，我來是要求賠償的，這件衣服六千多元。」張先生大聲地說道。

想不到老闆看都沒看他一眼，冷淡地說：「接貨單上寫著『損壞概不負責』的協定，所以我們沒有必要賠償。」

出師不利，冷靜下來的老張開始尋找突破口。他突然看到老闆背後的牆上掛著一支網球拍，心中便有了主意。

「老闆，你喜歡打網球啊？」老張輕聲地問道。

「是的，這是我唯一，也是最喜愛的運動了。你也喜歡嗎？」老闆一聽到網球的事，立刻卸下冷面具。

「我也很喜歡打網球，只是打得不怎麼好。」老張故作高興，而且表現出虛心

求教的樣子。

洗衣店的老闆一聽更高興了，就向碰到知音一樣，與老張大談網球技法與心得。談到得意時，老闆甚至站起來做了幾個動作，老張則在旁邊大加稱讚老闆的動作俐落。

等聊打網球聊了一個段落，老闆坐下來才想到，「哎喲，差點忘了，你那衣服的事……」

「唉呀，沒關係，我向你學了那麼多網球的知識，已經夠了！」老張繼續表現地很謙虛。

「這怎麼行？小楊！」隨即一個店員開門進來，老闆吩咐道：「你給這位先生開張支票吧……」

這位老張可以說是位善於察言觀色的辦事高手。

他看出這位洗衣店老闆吃軟不吃硬，便先平息自己的怒氣，接著巧用心機，先找出能夠切入的共同點，讓洗衣店老闆能夠在別人面前一展風采，只要他一開心，什麼話都好說。

共同點是雙方交往的關鍵，也是交涉、談判的突破點，只要抓住它，就等於找到了拉近彼此距離、搞定對方的最好工具。

把馬屁拍到對方的心坎裡

稱讚讓對方引以為榮之處，說到對方的心坎裡，便能更輕易地破除陌生感，逐漸拉近雙方的距離。

美國口才專家鮑特說：「在注重自我行銷的商業社會裡，說話已經成為專門藝術，說話的能力決定一個人做成多少生意。」

與人交往，要想贏得對方的喜歡，並不是一件容易的事情。

但是，如果能夠真誠地讚賞對方，那麼雙方的交流就能夠順利進行，也就能夠贏得對方的善意回應。

世界著名企業柯達公司的總經理伊斯曼雖然是個相當成功的企業家，擁有很高的社會地位，但仍然如同大多數人一樣，渴望得到別人的讚賞。

當他準備在羅切斯特建造伊斯曼音樂學院和基爾伯恩大劇院時，優美座椅公司的經理亞當斯希望能承攬其中的座椅業務。他打電話給伊斯曼雇用的建築師約托，請約托與他到羅切斯特拜訪伊斯曼。

約托對亞當斯說：「我知道你想要得到這筆訂單的急切心情，但我可以告訴你，伊斯曼先生是個很嚴厲的人，他的時間觀念非常強烈，如果你佔用他的時間超過五分鐘，這筆業務成功的希望就很小了。所以，我建議你到時候最好長話短說。」

聽了約托的忠告之後，亞當斯做好了心理準備。

當亞當斯來到伊斯曼的辦公室後，看到裝潢如此講究、精細，心想伊斯曼一定會引以為榮，於是抓住這一點，說他從沒見過比這更棒的辦公室。

這話伊斯曼非常愛聽，他的確一直把這間辦公室當作自己的一件傑作。就這樣，他們熱烈地談起了辦公室。

伊斯曼說：「是啊，如果你不提，我倒真的想不起這些了。當初它裝修好，我就非常喜歡它。但現在工作纏身，長久以來我竟然忘了多欣賞自己這個漂亮的辦公室。」

亞當斯摸了摸辦公桌，對伊斯曼說：「這是英國橡木吧？它與義大利橡木在質地上有點兒差異。」

「是的。」伊斯曼回答：「那是進口的英國橡木桌子，是一位對硬質木材很有研究的朋友特別爲我挑選的。」

不自覺地，伊斯曼帶領亞當斯和約托參觀了整間辦公室，還詳細介紹各種物品的大小比例、顏色、雕刻，以及哪些是他參與之下設計完成的。很顯然地，伊斯曼很樂意向他的客人展示這些東西。

不僅如此，伊斯曼還談了自己的艱苦創業過程以及自己的母親等等，兩個人如同多年的老朋友一樣傾心交談。時間一點一點地過去，兩個人竟然談了兩個多小時，還一起吃了頓飯。

最後，亞當斯輕而易舉地拿下了價值九百萬美元的座椅訂單。從此，亞當斯與伊斯曼一直保持著朋友的關係。

很顯然地，亞當斯之所以能夠輕而易舉達成了自己的目的，並且還能跟對方建立的友好的關係，關鍵就在於亞當斯懂得恭維的藝術，適時適度地稱讚讓對方引以爲榮之處。

把馬屁拍到了對方的心坎裡，雙方就此結交，也就不足爲怪了。

不論是日常生活或是商業場合，面對陌生人不知道該如何打破藩籬時，不妨試著稱讚對方的得意之處，比如髮型、衣著、成就……等等。

這樣一來便能更輕易地破除陌生感，逐漸拉近雙方的距離。別懷疑，再難搞的人往往也吃這一套。

從對方感興趣的地方入手

與陌生人交談，並不像想像中那麼困難，只要選擇適宜的話題和方式，就能有效拉近雙方的距離，達到自己的目的。

找到與陌生人交談的話題，其實並不困難。

首先，要學會不論碰到哪種對象，都能運用談話技巧引起對方的興趣，然後再進行進一步交流。

一旦你的談話內容引起對方的興致，接下來開展自己的工作就會很順利，目的也就很容易達成。

菲力普小時候有一次在小阿姨家中度週末，一位中年人也來到小阿姨家作客。

和小阿姨隨便聊了幾句之後，那個人把注意力轉移到菲力普身上。

菲力普從小就對船隻很感興趣，這位客人也滔滔不絕地和菲力普談論這方面的知識，小菲力普跟他聊得很開心。

那個人離開後，菲力普還對那位客人讚賞不已。小阿姨說，那位客人是紐約的一位牧師，對船毫無興趣也沒有研究。

「是嗎?那他為什麼願意與我談論有關船隻的事情呢？」菲力普感到訝異，不解地問小阿姨。

小阿姨回答說：「因為這位牧師是一位善於交談的人。他知道你對船隻很感興趣，就談論能使你高興的話題。這樣一來，他就讓自己成了受歡迎的人。」

從那次談話之後，菲力普學會了與陌生人談話的技巧，並在他以後的社交場合派上用場。

與陌生人交談，除了儘量談論對方感興趣的話題之外，還要掌握一些交談的原則，以免產生尷尬的場面。

首先，不能獨佔談話的時間。交談是雙方之間相互交流，不能只顧自己高談闊論，而不給對方發表意見的機會。要知道，對方不僅是聆聽者，更是參與者。如果你只顧著獨自一人滔滔不絕，對方就不願再聽你說下去，那是一種不尊重對方的表現。

其次，不能自吹自擂。與陌生人交談，自吹自擂是最要不得的行為。假如你自吹自擂，無形中就意味著看不起對方、不尊重對方。如此一來，對方就會覺得你既不穩重又不值得往來，也就不願與你再進行深入的交往。

此外，認眞傾聽對方說話，既是尊重對方，也是瞭解對方的好時機。

與陌生人交談，並不像想像中那麼困難，只要選擇適宜的話題和方式，就能有效拉近雙方的距離，達到自己的目的或效果。如同故事中那位紐約牧師所展現的，談論對方最感興趣的事情，是有效促進交往深度的一條捷徑。

懂得如何與陌生人交談，不僅對工作有幫助，對人際交往也同樣有所助益，可以讓你在解決某些事情之時獲得有效的助力。

找到共鳴就能增進感情

沒有瞭解就無所適從，只有瞭解了，才會知道該從何處入手展開交流。盡可能尋找雙方的「共鳴點」，善用熱情，拉近心理距離。

在每個人的工作和生活中，難免要與各式各樣的人往來。人與人之間的距離既遠又近，如果懂得如何接近陌生人，那麼，雙方就很容易由陌生人變為朋友，相反的，要是不知如何接近，可能與對方永遠無法有交集，雙方可能永遠都是陌生人。

一個人若要與陌生人順利溝通，前提是要儘量瞭解對方。瞭解得越多，溝通便會越輕鬆。

與陌生人往來，如果能找到一個令人感到愉快的話題，那麼你們之間的距離將

會越來越近。

某次宴會上，羅斯福總統見到許多素不相識的人。這些人雖然都認得羅斯福，也知道他是總統，但並不因他的政治地位較高，就表現出逢迎諂媚的態度。

羅斯福向坐在旁邊的路斯．瓦特博士悄悄地說道：「路斯．瓦特，請你把坐在我對面所有賓客的概況都告訴我。」

不一會兒，羅斯福對那些陌生人有了大致的瞭解，知道每個人最值得驕傲的是什麼、從事過何種事業、有什麼愛好……等等。

根據這些，羅斯福找到了與那些陌生人交談的最好話題，他便主動與那些人攀談，很快地消除了彼此之間的陌生感。

試想，羅斯福如果沒有事前進行瞭解，那麼即使他再聰明，也無法恰到好處地與那些陌生人進行言語上的交流。

沒有瞭解就無所適從，只有瞭解了，才會知道該從何處著手展開交流。

與陌生人打交道，如何開頭是重要的關鍵。有一個好的開頭，還要慎選與對方交談的方式。活潑、生動的交談最容易拉近兩顆心的距離，使雙方產生共鳴。這麼一來，即使是陌生的人，也很容易成為朋友。

若要使對方信服你，談話便要言之有據、言之有理、言之有物，言談務必要乾淨俐落、簡明扼要。記住，長篇大論的「演說」只會使對方失去耐心。

當對方說話時，要及時做出積極的反應，經常以點頭、微笑、手勢等回應，讓對方明白你在認真地聽、用心地體會，這樣才能使對方保持高昂的興致，感到你的尊重。

如果對方向你提出問題時候，回答要表現得友好、真誠。如果對方初次見面便向你透露心事，就要留心地傾聽，但不要匆忙地表達看法。即使對方向你徵詢意見，回答也務必要謹慎，不能引起對方的反感。

與人交流，要盡可能尋找雙方的「共鳴點」，而不是去評論他人的不足或說會使場面尷尬的話。善用你的熱情，拉近彼此心理的距離，如此便能有利於雙方關係的發展。

加點幽默，才能搞定對手

在為人處事當中逐步掌握幽默技巧，就能夠巧妙地應付各種尷尬的場面，搞定難纏的對手。

幽默不僅能使人發笑、讓場面輕鬆，還能增添個人的魅力和風采。在針鋒相對的競爭過程當中，如果懂得用輕鬆的心情迎戰對手，就能增進雙方的感情，促進彼此之間更深入的溝通。

學會用幽默來包裝自己，在事業上將有意想不到的收穫。

美國的羅斯福總統和英國的邱吉爾首相在二次世界大戰期間，某次為了研究如何對付法西斯，舉行一次會晤。

在會面過程當中，雙方仔細地談論了對付日本、德國和義大利的詳細計劃，但在某些利益分配上，由於各自都爲自己的國家著想，以至於無法儘快達成一致的協定，兩人都覺得很傷腦筋。

一天晚飯過後，邱吉爾去拜訪羅斯福，邱吉爾沒有讓工作人員傳報，直接進入羅斯福的住處，羅斯福剛剛洗完澡出來，正好一絲不掛地面對邱吉爾，兩個人都很尷尬。

羅斯福先反應過來，哈哈大笑著說：「邱吉爾首相，我羅斯福眞是毫無保留地向大英帝國全面開放啊！」

兩個人都哈哈大笑起來，一場尷尬的場面就這麼化解了，還爲接下來的溝通奠定了友好的基礎，兩人還結成了深厚的友誼。

在這種尷尬的時候，幽默是最好的潤滑劑，透過幽默能建立兩人之間的那種親密無間的友誼。

想要和別人輕鬆溝通，必須掌握幽默的基本技巧。

- 必要時先「幽自己一默」，即自嘲，開自己的玩笑。
- 發揮豐富的想像力，把表面上不同的事物或想法聯結起來，讓它們產生意想不到的效果。
- 提高語言表達能力，注重與語言的搭配和組合。

如果在爲人處事當中逐步掌握幽默技巧，就能夠巧妙地應付各種尷尬的場面，搞定難纏的對手。

人們都喜歡幽默的人，富有幽默感而成功的人不勝枚數，幽默是一種使人更具魅力的工具。

對於幽默這項工具的恰當運用，會使你的生活充滿活力，人際交往和諧、自然，更能使你在競爭中智勝一籌，並能夠獲得友誼。

具備溝通智慧，凡事輕鬆搞定

唯有具備良好的溝通能力，才能在現代社會遊刃有餘。靈活應用溝通智慧，會使你成為一個左右逢源的成功人士，解決別人解決不了的人和事。

言語是現代社會必備的競爭資本，只要能夠掌握交談的奧妙，就會在任何社交場合都能在談笑當中解決問題，並且還有機會交到志同道合的朋友。

有的人以為交談就是聊天，只要開口就能聊天，是很簡單的事情，殊不知，聊天也有它的藝術性。

一九八六年十月十五日，中共領導人鄧小平會見英國女王伊莉莎白二世和她的丈夫愛丁堡公爵菲力普親王。

鄧小平對伊麗莎白說：「見到妳非常高興，請接受一位中國老人對妳以及親王的歡迎和敬意。」

鄧小平以「一位中國老人」自稱，不僅是謙虛的表現，更說明了中國人民對英國貴賓的友好態度。

接著他又說道：「這幾天北京的天氣很好，這也是對貴賓的歡迎。可是，北京的空氣比較乾燥，要是能『借』一點倫敦的霧就好了。小時候，我就聽說倫敦霧重，在巴黎時，聽說登上愛菲爾鐵塔就能看得見倫敦的霧。我曾經登上過兩次，可是很不巧，天氣都不好，沒有看到倫敦的霧。」

愛丁堡公爵說：「倫敦的霧是工業革命時的產物，現在沒有了。」

鄧小平風趣地說：「是嗎？那要『借』你們的霧就更困難了。」

公爵說道：「可以『借』點雨給你們，雨比霧好。你們也可以『借』點陽光給我們。」

表面上，中英雙方都在談「天氣」，談「霧」談「雨」，談「陽光」，這是很標準的「寒暄」，但是寒暄的背後，雙方已開始融洽氣氛、聯絡感情，爲進一步會談打下良好的基礎。

愛丁堡公爵所說「倫敦的霧是工業革命時的產物，現在沒有了」，實際上是表現了英國工業歷史悠久而且環境治理成效顯著的自豪。而「借」霧，「借」雨，「借」陽光之類的言詞，也委婉且巧妙地傳達著雙方有著互助互利、友好合作的誠意。

交談的藝術無處不在，只要你時時留心，多聽、多想，每個人都能成爲交際高手，進而結交更多的朋友，爲自己的生活或是事業增添色彩。

只要能增強自己的溝通能力，就能增添自己的魅力與說服力，搞定難纏的人物，讓事情順利達成。

唯有具備良好的溝通能力，才能在現代社會遊刃有餘。細心研讀並靈活應用溝通智慧，會使你成爲一個左右逢源的成功人士，解決別人解決不了的人和事。

具有良好的口才，表達能力強又彬彬有禮的人，必然是現代社會的常勝軍。如果你想成爲成功的傑出人士，就必須掌握溝通的藝術，鍛鍊自己的說話能力。

依據情況，適時「激將」

激將法的具體實施，要採用何種方式才能取得最佳談判效果，靠談判者根據不同情況而定。「運用之妙，存乎一心。」不能背離這原則。

最高明的談判手腕往往使得不著痕跡，卻又牽著對方的鼻子走。殊不見，古往今來熟諳這種高明談判手段的人，時常運用激將法，不費吹灰之力就達成自己的目的。

激將法就是談判者透過一定的語言手段刺激對方，引起對方的情緒波動和心態變化，並使這種波動和變化朝著己方預期的方向發展。

運用激將法使最後談判成功的例子很多，以下就是個好例子。

A市某橡膠廠進口一整套現代化膠鞋生產設備，但由於原料與員工技術層面跟不上新設備，所以那套現代化的生產設備被擱置了三年。後來，新任領導者決定將這套生產設備轉賣給B市的一家橡膠廠。

在正式談判前，A方發覺B方正面臨兩個情況。一是該廠雖然經濟實力雄厚，但盈餘大部分都投入了再生產，要馬上挪出兩百萬元添置設備，困難很大；二是該廠的領導者年輕好勝，在任何情況下都不甘示弱，甚至經常以拿破崙自詡。

對內情有所瞭解後，A方領導者決定親自與B方領導者進行談判。

在談判過程中，A方領導者首先恭維說：「我昨天在貴廠參觀了一整天，詳細瞭解了貴廠的生產情況，管理水準確實令人佩服。您年輕有爲、能力非凡，更使我欽佩。可以斷言，貴廠在您這位精明的廠長領導之下，不久一定可以成爲我國橡膠業的一顆新星！」

B方領導者聽了，趕緊答道：「哪裡哪裡，您過獎了！我年輕尚輕，經驗與見識都還不足，懇切希望得到您的指教！」

A方領導者說：「我向來不會奉承人，但貴廠今天做得好，我就說好；明天做得不好，就會說不好。」

B方領導者說：「那您對本廠的設備印象如何？您不是打算把那套現代化膠鞋生產設備賣給我們嗎？」

A方領導者說：「貴廠現有的生產設備，在國內看來還不錯，至少三五年內不會有問題。至於轉賣設備之事，我昨天在貴廠參觀一天後，想法改變了。」

B方領導者問：「不知有何高見？」

A方領導者說：「高見談不上。只是有兩個疑問：第一，我懷疑貴廠是否真有經濟實力購買這樣的設備；第二，我懷疑貴廠是否能招聘到管理操作這套設備的技術人員。由這點看來，將那套設備賣給貴廠不見得是個正確的決定。」

B方領導者聽到這些話，自覺受到A方領導者的輕視，心中十分不悅。於是，他有些炫耀地向A方領導者介紹了本廠的經濟實力和技術力量，表明他們有能力購買並操作管理這套價值兩百萬元的設備。

經過一番周旋後，最後A方成功地將那套擱置了三年的設備轉賣給B方。

在上述的這個真實例子中，A方之所以最後能達到目的，要歸功於A廠領導者善用激將法的關係。

只是談判中，使用激將法的效果如何，全在於刺激的程度掌握得怎樣，有時只要「稍許加熱」即可，有時則要「火上澆油」；有時只需「點到即止」就好，有時卻要「窮追猛打」。

當然，激將法的具體實施，要採用何種方式才能取得最佳談判效果，就要靠談判者根據不同情況而巧妙運用。但是，「運用之妙，存乎一心」，不管運用什麼方法，都不能背離這項原則。

輯3.

循循善誘勝過苦苦哀求

苦口婆心勸說對方，他也許不願意領情；

透過循循善誘，或許他反而會心甘情願乖乖地為你辦事。

掌握溝通訣竅，讓人際關係更好

人際關係往往與利益緊密相關，因此，我們應該建立禁得起考驗的人際關係，而不是速成卻短暫人際關係。

人是群居的動物，每個人生活在群體當中，人際關係就成了與人交往、與社會交流的重要管道。

在現代社會裡，如果不善於與人交往，欠缺人際溝通的能力，便會失去許多合作的機會；一旦沒有了合作關係，單憑一個人或少部分人的努力，往往難以取得眞正的成功。

幾乎所有的成功者都懂得人際溝通的技巧，都非常珍視人際溝通的能力。

艾柯卡是美國最著名的企業家之一，曾在美國民意調查中當選爲「美國最佳企業主管」。他曾經擔任美國福特汽車公司的總經理，後來卻在另一家汽車公司——克萊斯勒瀕臨倒閉時，就任克萊斯勒公司的總裁。

「受命於危難之際」的艾柯卡是如何拯救這家奄奄一息的公司，進而創造出爲人們所津津樂道的「艾柯卡神話」的呢？

他的法寶之一，就是人際溝通——先搞定人，自然能搞定事情。

當時，克萊斯勒公司生產的產品品質不高，面臨著債台高築又求貸無門、人浮於事的困境，「就像一隻漏水的船在波濤洶湧的洋面上漸漸下沉」。

艾柯卡明白，要東山再起，重振企業，除了要在內部進行大刀闊斧的改革提高員工士氣之外，必須儘快著手開發新型車款，重新參與市場競爭，除此之外沒有第二條路可走。

可是當時大大小小的銀行沒有一家願意貸款給克萊斯勒，嚴酷的現實迫使艾柯卡向政府求援，希望得到政府的擔保，以便從銀行貸到十億美元。

消息傳出之後，在社會各界引起了軒然大波。原來，美國企業界有條不成文的規矩，認為依靠政府的幫助來發展企業，不符合自由競爭的原則。

面對眼前的困境，艾柯卡既沒有洩氣也沒有抱怨，他知道溝通比抱怨更重要，因此他全面出擊。他每天工作十二到十六小時，奔走於全國各地，四處演說遊說，同時，又不惜重金雇請說客，奔走於國會內外，活動於政府各部門之間，與他互相呼應。

在演講中，他援引史實，提出證據向企業界說明，過去的洛克希德公司、華盛頓地鐵公司和全美五大鋼鐵公司都曾先後得到政府的擔保，貸款總額高達四百億美元。反觀，克萊斯勒公司在瀕臨倒閉之際要求政府擔保，僅僅申請十億美元的貸款，不該引起人們的非議。

他向新聞輿論界大聲疾呼：挽救克萊斯勒是為了維護美國的自由企業制度，保證市場的公平競爭。

北美總共只有通用、福特和克萊斯勒三大汽車公司，如果克萊斯勒破產那麼市場上就僅剩兩家，如此一來就很有可能形成市場壟斷的局面，那還有什麼自由競爭可言？

對於政府部門，艾柯卡則採取不卑不亢的公關策略。他替政府算了一筆帳：如果克萊斯勒公司現在破產，將會造成六十萬工人失業，全國的失業率會因此提升〇．五%，政府第一年便必須爲此多支付二十七億美元的失業保險金以及其他社會福利開支，最終又將使納稅人多支出一百六十億美元來解決種種相關的問題。

艾柯卡向當時正因財政出現巨額赤字而深感困擾的美國政府發問：「你是願意白白支付二十七億美元呢？還是願意出面擔保，幫助克萊斯勒向銀行申請十億美元的貸款呢？」

艾柯卡還爲每位國會議員開出一張詳細的清單，上面列有該議員所在選區內所有與克萊斯勒公司有經濟往來的代理商和供應商的名字，並附有一份一旦公司倒閉將會在該選區內產生什麼後果的分析報告。

他暗示這些議員，如果由於克萊斯勒公司倒閉而剝奪了選民的工作機會，對於他們自己的仕途不會有什麼好的結果。

最後，艾柯卡的公共關係戰略終於獲得了成功，企業界、新聞界、國會議員都不再反對擔保，美國政府也開始採取積極合作的態度，他終於得到了用於開發新型車款的十億美元貸款。

三年後，克萊斯勒公司開始轉虧爲盈，第四年便獲得九億多美元的利潤，締造這家公司有史以來最好的經營紀錄。

艾柯卡的成功經歷告訴我們，人際溝通的技巧不僅適用於爲人處世，在推動企發突破瓶頸的過程中也非常重要。

無論身爲領導者，還是普通的職員，學會運用良好的溝通，必將能透過人際關係，爲自己的生活增光添色。

人際關係並不是一日之間可以建立起來的，需要在社交場上長期的用心經營。好的人際關係需要時間來培育，從瞭解到信賴，這個過程絕非一朝一夕，或者幾天就能「一拍即合」。

此外，人際關係往往與利益緊密相關，因此，我們應該建立一種禁得起考驗的人際關係，而不是速成卻短暫人際關係。

循循善誘勝過苦苦哀求

苦口婆心勸說對方，他也許不願意領情；透過循循善誘，或許他反而會心甘情願乖乖地為你辦事。

有句俗話說：「求人難，難於上青天。」

事實上，這是因爲不懂求人技巧的緣故。求人固然困難，但是只要你懂得溝通的訣竅，求人並不如想像中那麼艱難。

「求」是一種藝術，當你需要別人參與你的事情時，最好先讓他從簡單的入手，引起他對這件事情的興趣。

當你要讓他人做一些比較容易的事情的時候，就要先給他一點小小的勝利，從側面誘導他達成自己的目的。

無論領導的團體大小，都必須懂得這個使人與自己合作的重要策略。

美國《紐約日報》的總編輯雷特就曾用誘導求得一位賢才鼎力相助。

當時，雷特是格理萊創辦的《紐約論壇報》的總編輯，身邊正缺少一位精明幹練的助理。他的目光瞄準了年輕的約翰·海，他需要約翰·海幫助自己成名，同時幫助格理萊成為一位成功的出版家。

當時，約翰·海剛從西班牙首都馬德里卸除外交官職務，正準備回到家鄉伊利諾州從事律師行業。雷特看準了約翰·海是個好手，但要如何使這位有為的青年拋棄自己原本的計劃，在報社裡就職呢？

經過思考後，一天，雷特請約翰·海到聯盟俱樂部吃飯。飯後，他提議約翰·海到報社參觀。那時，「恰巧」國外新聞的編輯不在，於是他對約翰說：「請你幫幫忙，為明天的報紙寫一段關於這消息的社論吧。」

約翰自然無法拒絕，於是提起筆來寫。

社論寫得很精采，格理萊看了之後也相當讚賞，於是雷特請他再幫忙頂缺一星

期、一個月，漸漸地乾脆讓他擔任這項職務。約翰．海就這樣不知不覺中放棄了返回家鄉當律師的計劃，選擇留在紐約做新聞記者了。

雷特憑著這項策略，成功求得出色的人選。約翰在嘗試看看、幫朋友忙的心態之下，覺得很輕鬆，不知不覺中就扭轉了他人生航船的方向。事前，雷特一點也沒洩露他的心意，只是勸誘約翰幫他趕寫一篇小社論而已，但事情卻很圓滿地依照他的計劃實現了。

約翰在不知不覺中被雷特留了下來，雷特既沒有要求什麼，也沒有勸說什麼，只是透過循循善誘，便達到自己的初衷。

生活中的事情往往是：當你苦口婆心勸說對方時，對方根本不願意領情，但假如你採取誘導的方式，或許他反而會乖乖地爲你辦事。

爲人處世當中，當你要引起他人對你的計劃熱心參與，或者給予幫助的時候，必須要點心機。先誘導他們嘗試一下，如果可能，不妨讓他們先做一點容易的事情，這種誘導的方式或許會使對方更加心甘情願地進入你運行的軌道。

用適當的讚揚推開求人辦事大門

要想改變一個人的想法而不傷害彼此之間的感情、不引起憎恨，就應該學會從稱讚和滿足對方入手。

美國石油大王洛克菲勒曾說：「假如人際溝通的能力也是如同糖或咖啡一樣的商品，我願意付出比太陽之下任何東西更高的代價購買這種能力。」

由此可見，人際溝通的能力在他心目中的地位。

要求他人替自己辦事，很多時候必須在他人身上仔細思量、狠下功夫。這是說服的重點所在，切中了要害，說服一定會大功告成。

海藍集團公司承包一項建築工程，預定在費城建立一幢高級辦公大廈，一切都

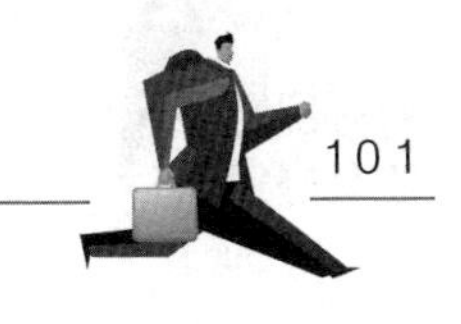

照原定計劃進行得很順利。然而，就在大廈即將進入完工階段，負責供應大廈內部銅器裝飾的承包商卻突然宣佈無法如期交貨。這麼一來，整幢大廈都無法如期交工，公司將要承受巨額罰金。

爭執、不愉快的會談全都沒有效果，於是傑克奉命前往紐約，試圖當面說服銅器承包商。

「你知道嗎？在布魯克林區，用你這個姓的只有你一個人。」傑克走進那家公司董事長的辦公室之後，立刻這麼說。

董事長有點吃驚，「不，我並不知道。」

「喔，」傑克先生說：「今天早上，我下了火車之後，就查閱電話簿找你的住址，在布魯克林的電話簿上，有你這個姓的，就只有你一個。」

「我一直不知道。」董事長說，然後很有興趣地查閱電話簿。

「嗯，這是一個很不普通的姓，」隨即他驕傲地說：「我的家族從荷蘭移居到紐約將近二百年了。」

一連好幾分鐘，他繼續興致勃勃地說他的家族及祖先。當他說完之後，傑克就恭維他擁有一家很大的工廠，還說他以前也曾經拜訪過許多同樣性質的工廠，但跟他的工廠比起來差得太遠了。

「我從未見過這麼乾淨整潔的銅器工廠。」傑克如此說。

「我花了一生的心血建立我的事業，」董事長說：「我對它感到十分驕傲。你願不願意到工廠參觀一下？」

傑克爽快地答應了。在參觀的過程中，傑克恭維他的組織制度健全，並告訴他爲什麼他的工廠看起來比其他的競爭者高級，以及好在什麼地方。

傑克還對一些不尋常的機器表示讚賞，這位董事長就宣稱是他發明的。他花了不少時間向傑克說明如何操作那些機器，以及它們的工作效率有多麼良好，最後還堅持要請傑克吃午餐。

到這時爲止，傑克一句話也沒有提到此次訪問的眞正目的。

午餐之後，董事長對傑克說：「現在，我們談談正事吧。我知道你這次來這裡的目的。眞沒有想到我們的相會竟然如此愉快。你可以帶著我的保證回到費城去，我保證你們所有的材料都將如期運到，即使其他的生意會因此延誤也無所謂。」

傑克甚至沒有開口提出任何要求，就得到了他想要得到的東西。那些器材及時運到，大廈在契約期限屆滿的那一天完工了。

具有良好的口才，又懂得事實讚揚的人，必然是現代社會的常勝軍。想成功搞定事情，就必須掌握這門藝術，鍛鍊自己的說話能力。

用讚揚對方的方式切入，就像牙醫在拔牙之前使用麻醉劑一樣，病人雖然仍然要受拔牙之苦，但麻醉要卻能消除疼痛。

有好口氣，才會有好運氣。要想改變一個人的想法而不傷害彼此之間的感情、不引起憎恨，就應該學會從稱讚和滿足對方入手。

正話反說容易讓人接受

不論什麼形式的說服，一定要學會溝通的方式，使對方易於接受，讓自己的觀點順利地傳達出去。

「良藥苦口利於病，忠言逆耳利於行。」這句話往往帶給人錯誤的觀念，以為規勸別人的話必須難聽，不難聽的話便不配稱為「忠言」。

事實上並不盡然如此，關鍵在於看你怎麼說。

日常生活中，當我們在勸說別人時，往往只強調動機的利他性和方案的好處，卻忽略了別人接受過程的複雜性和說服的方式，讓人覺得是受到逼迫而不得不接受，並非是出於主觀意願。

說服方法的不當，甚至會抵消了動機和方案的優勢。一旦別人不接受你的說服方式，想要透過溝通達到自己的初衷也就會全盤落空。

想要將自己的「忠言」說得更動聽，不妨試著「正話反說」。

唐太宗李世民有一次揚言要殺掉敢於觸犯龍顏的魏徵，長孫皇后聽聞之後十分著急，急忙前去勸告李世民。

她知道如果用逆耳的「忠言」勸說，李世民不僅不容易接受，反而會讓事情越來越糟。

因此，懂得說話藝術的長孫皇后採取順耳之言規勸李世民。

她說：「自古以來主賢臣直，只有君主賢明，當臣子的才敢立抒胸臆、有話直言，魏徵敢於立言勸諫，全賴聖上賢明……」

李世民聽了這番話龍顏大悅，立刻打消了殺魏徵的念頭。

秦朝時，有個名人叫優旃，經常以正話反話的方式勸諫秦始皇。

有一次，秦始皇要大肆擴建御苑，在裡面畜養珍禽異獸，以供自己圍獵享樂。

大臣們雖然知道這是一件勞民傷財的事，但誰也不敢阻止秦始皇。

這時優旃挺身而出，對秦始皇說：「太好了，這個主意很好，多養些珍禽異獸，敵人就不敢來犯，如果敵人從東方來，可以下令麋鹿用角把他們頂回去，就不用派士兵了。」

秦始皇聽了不禁會心一笑，明白了自己的決策不妥，因此立刻改變了擴建御苑的決定。

想透過話語點醒對方，應對過程中，必須巧妙運用說話語氣，把話語說進對方的心裡。有條不紊的說話方式、優雅的肢體語言，恰到好處的幽默語言……這些都是想打動對方之時必須具備的說話藝術。

優旃的話表面上是贊同秦始皇的主意，但實際的意思則是說如果依照皇上的意思辦，國力就會空虛，敵人就會趁機進攻。

這樣表面上贊同了秦始皇，同時也保全了自己，更重要的是它促使秦始皇醒悟，進而達到說服的目的。

直言不諱固然可貴，但仍然要視當時的情況與雙方的立場。不論什麼形式的說服，一定要學會溝通的方式，使對方易於接受，讓自己的觀點順利地傳達出去。

交際是一門既傳統又現代的科學，也是人生的必修課程，如果僅僅靠古人的幾條垂訓和社會經驗的總結，是很難學好的。

只有以認眞的態度對待交際，在實踐的過程中勤於思考，遇事具體分析，才會眞正懂得溝通與交際之間的具體關聯，並且眞正了解該如何審時度勢，應用最恰當的方式扭轉對方的想法，搞定棘手的事情。

「以退為進」更容易獲取信任

利用人類的「彆扭心態」，採取以退為進的方法來取得對方的信任，可以順勢達到自己的目的。

現代社會分工越來越細，很多事情僅僅憑著個人的力量是難以完成的，這個時候往往需要獲得他人的協助。

求人辦事的過程中，「以退爲進」更容易獲取對方的信任。很多時候，過分強調自己的目的，或是過度堅持自己的看法，並不一定能獲得預想的效果。相反的，採取「退」的策略，反而更容易達到目的。

某公司行銷部門的課長要推行一項計劃，必須經過總經理同意。對於這個計

劃，課長已經事先徵詢過部門經理的意見，經理也表示贊同，並答應協助課長勸說總經理。

當他們到了總經理辦公室，課長先向總經理做了大致的陳述，總經理思考片刻後轉頭問部門經理：「你覺得這個計劃如何？」

部門經理的回答卻讓課長很失望，「我認為還要再詳細探討！」

課長對於部門經理的臨場反應百思不解，為什麼臨時卻改變了心意呢？結果，總經理只答應「再考慮一下」，這份計劃並未立即通過。

「經理怎麼這樣？」課長心裡嘀咕著，幾天來，心裡一直很不是滋味。

過了一個星期，讓課長感到意外的是，總經理竟然同意了他的計劃。

原來，部門經理在他們交談之後，又另外找機會說服了總經理。

這位經理使用「以退為進」的手法，終於讓總經理點頭同意。試想，假如部門經理和課長在當下同聲一氣一起說服總經理，這個計劃很有可能會被立刻否定，連深入考慮的機會都沒有。

美國準備脫離英國獨立之時，十三州代表集聚費城舉行憲法會議，會中分為贊成派和反對派，討論相當激烈。由於出席者中有著人種、宗教等方面的差異，利害關係各異，會議進行過程中充滿了火藥味和互不信任的氣氛。出席者的言詞都非常尖銳，甚至還有人身攻擊。

眼看會議即將破裂，這個時候，持贊成意見的富蘭克林適時地站了出來，不慌不忙地對人們說：「事實上，我對這個憲法也並非完全贊成。」

此話一出，會議紛亂的情形立刻停了下來，反對派人士都用懷疑的眼光看著富蘭克林。

富蘭克林停了一會兒，繼續說道：「對於這個憲法我並沒有信心，出席本次會議的各位，也許對於細則還有些異議，但不瞞各位，我此時也和你們一樣，對這個憲法是否正確抱持著懷疑的態度，我就是在這種心境下來簽署憲法的……」

經富蘭克林這麼一說，反對派的激動和不信任的態度終於平息下來，他們反而希望給個機會，讓時間驗證這份憲法是否正確，這樣一來，美國憲法終於順利通過。

對於一件事情，如果一味地強調好的一面，那麼對方對於你所說的話就會存有不信任的潛在心理。

這時，不如利用人類潛在心理的「彆扭心態」，採取以退爲進的方法來取得對方的信任。富蘭克林就是利用了這個技巧，先說一些對於自己所處的立場不利的言詞，使對方反而產生了信任感，再順勢達到自己的目的。

大凡辦事成功的人，都是視野開闊的人，他們不但瞭解自我，而且還能深知他人。一般來說，想要搞定難纏的人之前，要對對方的立場與心理狀態有著初步的瞭解，這是以退爲進的前提，在此基礎上，進一步把握說話的技巧，勝利的天平就會向你傾斜。

滿足對方虛榮心，就容易達到目的

稱讚對方自我得意的地方，就是為自己鋪路；滿足對方虛榮心，自己提出的要求就更容易被接受。

從對方得意的地方談起，這是辦事速成的一條捷徑。

每個人都有自認爲得意的地方，不管別人怎樣看，在他自己看來，都認爲是一件值得紀念的事情。

在行動之前，如果能預先做好充分的準備，在交談時有意無意地提起，在一般的情況下，對方一定因此感到很高興。

一所偏僻小學的校長沒有足夠的資金修繕校舍，多次按照規定向政府提出申請，卻始終沒有結果，不得已，只好向該地區水泥工廠的總經理求援。

校長之所以打算找該總經理，是因為這位總經理相當重視教育，曾捐出一百萬元發起成立教育基金會。但遺憾的是，聽說近兩年由於政府積極取締汙染嚴重的企業，因此水泥廠花費大量的資金在汙染防治處理上，在經營上也遭遇到了前所未有的困境。

校長知道這個情況，雖然覺得水泥廠提出援助的希望渺茫，但是他只要一想到全校師生的生命安全，只好「背水一戰」了。

校長到水泥廠拜訪，對總經理說：「我最近開會時一再聽到教育界的同仁對您的稱讚，實是欽佩！」

總經理連忙回答：「不敢當！不敢當！」

校長接著說：「總經理您真是遠見卓識，創辦的教育基金會不但確實對教育事業產生積極的支持作用，更重要的是，您的觀念也影響深遠。教育基金會由您始創，如今已經由點到面向外擴張，發展到全國許多地區，眞可謂香飄萬里，名揚四海！」

校長緊緊圍繞總經理頗感得意之處，從觀念影響到實際作用等方面都予以充分的肯定，談得總經理滿心歡喜。

接著，校長訴說了自己的「無能」和悔恨，「身爲校長，明知校舍急需維修，時時困擾著學生的學習，危及師生的生命安全，卻毫無解決的辦法。要是教育界的上級都能像總經理這樣眞心愛才、支持教育，只要提撥一百萬元就能卸下我心頭的重石。可是向上呈報了十幾次，至今卻依然沒有下文。」

聽到這裡，總經理立即起身拍拍胸脯，慷慨地說：「校長，你就不必再繼續求三拜四了，這一百萬元我捐給你們。」

校長緊緊握住總經理的手，表示由衷地感謝。

這位校長十分精明，在瞭解對方的情況之下，用美譽推崇的方式獲得了募捐的成功。

首先，他對總經理遠見卓識，首創教育基金會的行爲，從思想影響到實質成效方面都給予充分的肯定和適當的讚揚，稱頌他對教育產生了極大的鼓勵作用。接著，他再悲訴自己的「無能」，激發對方的同情心，進而深深地打動了對方，達到預期的目的。

稱讚對方自我得意的地方，實際上就是肯定對方的人生價値肯定，有誰不喜歡自己獲得肯定與讚賞呢？

看準他人的發光點猛烈進擊，既是對對方的尊重，同時也在爲達成自己目的鋪路。只要滿足了對方虛榮心，自己提出的要求就更容易被接受。

理由充分就能說服別人

人與人之間的交流，很多時候說的都是「是什麼」，如果你能恰如其分地表達出「為什麼」，就會給人耳目一新的感覺，別人也會更願意聽取你的建議。

凡事在執行之前都需要理由，理由是否充分，將直接關係到事情的結果。所以，當你準備做某件事或者說服他人的時候，一定要事先考慮周全，以免把事情搞得一團糟。

充足的理由會讓你的想法順利過關。

大陸電影〈周恩來〉中，鄧穎超的扮演者是從未上過鏡頭的湖南畫家鄭小娟，儘管她初次登上大銀幕，但是塑造出來的人物形象光彩照人，留給觀眾十分深刻的印象。

但是，一開始時她其實並不願意參加演出，而是經過丈夫用充足的理由說服之後才接了戲，最後還取得了不錯的效果。

在一次偶然的機會，鄭小娟被導演看中了。當導演邀她拍片時，她以身體不好爲理由一口謝絕，而且拒絕得斬釘截鐵，沒有商量的餘地。

後來，影片籌備工作就緒，眼看就要開拍了，但「鄧穎超」卻仍然找不到合適的人選，導演非常著急，無奈之下，只好再次親自登門拜訪鄭小娟。

這天恰好鄭小娟的丈夫姜先生一個人在家，聽了導演的來意，一口幫鄭小娟答應出演鄧穎超一角。鄭小娟回到家之後，瞭解了事情的經過，十分不高興，不住地埋怨丈夫，不經她的同意便自作主張。

姜先生笑著說：「我代妳答應演出鄧穎超是經過充分考慮的，雖然妳從來沒有拍過戲，但藝術的規律是相通的，妳不用爲了不懂表演藝術而擔心，只要用心去學就不會有困難。其次，這對妳的事業很有幫助，妳想在美術方面有所發展，也應該從表演藝術中汲取養分。此外，趁著拍電影。妳可以和更多藝術界的人接觸，拓展社交領域。」

丈夫充足的理由和曉之以理、動之以情的一席話終於打動了她的心，於是她拋棄了顧慮，鼓起勇氣，欣然走進《周恩來》劇組，並且一舉成名。

姜先生勸鄭小娟參加演出之時，並沒有用長篇大論的艱澀道理，只是用簡單充分的理由，就輕鬆地說服成功。

由此可見，在說服人的時候，無論多麼口才便給，都要以恰當充分的理由作爲支柱。人與人之間的交涉或交流，很多時候說的都是「是什麼」，如果你能以充分的理由，恰如其分地表達出「爲什麼」，就會給人耳目一新的感覺，別人也會更願意聽取你的建議。

了解對方想法，讓雙方都是贏家

雙贏無疑是最佳的選擇。進行有效的溝通，站在對方角度看待問題，找到彼此之間利益的共識，最終各取所需，各有所得。

在變幻莫測的商場上奔走，除了必須具備敏銳的思維、獨到的眼光、清醒的思維之外，溝通的智慧也必不可少。

掌握了溝通的藝術，領略溝通的眞諦，在生意場上將能暢通無阻。

在溝通的過程中，學會站在對方的角度思考，成功就會與你越來越近。

眞正的溝通高手會站在對方的立場，替對方著想，力求達到雙贏，這才是最高明的辦事方法。

一九八七年六月，法國巴黎網球公開賽期間，奇異公司執行長傑克．威爾許與商業夥伴相約一同觀賞這項盛大的賽事。

法國政府控股的湯姆遜電子公司董事長阿蘭．戈麥斯也在受邀名單之列。戈麥斯是一位既風趣又有魄力的人。威爾許已經事先約好第二天到辦公室拜訪他，因爲彼此的企業都需要幫助。

湯姆遜公司擁有的醫療造影設備公司是威爾許想要的。這家公司實力並不是很強大，在行內排名也只位居第五名。

威爾許的奇異公司在美國醫療設備行業擁有一家首屈一指的子公司，幾乎壟斷了美國醫療設備的全部業務，但在歐洲市場卻明顯處於劣勢，更被排拒在法國市場之外。

會談過程中，因爲戈麥斯不想把醫療業務賣給威爾許，所以威爾許決定用其他業務與對方的醫療業務交換，看他是否對此感興趣。

威爾許非常清楚戈麥斯對於奇異的業務沒有興趣，也絕不會做賠本的交易。於是，威爾許走到湯姆遜公司會議室的白板前，列出了他可以與戈麥斯交換的一些業

務。

他首先列出的是半導體業務，但對方不感興趣，他又列出電視機製造業務，戈麥斯立即對這個想法產生興趣。因爲從他的利益角度來看，目前他的電視業務規模還不算很大，而且侷限在歐洲範圍之內，這種交換不但可以甩掉那些不賺錢的醫療業務，而且又能使他一夜之間成爲第一大電視機製造商。

兩人達成共識後，談判立即展開並且很快達成一致。

談判結束後，威爾許激動地對他身邊的秘書說：「天啊，是上帝讓我與戈麥斯有了這次想法上的溝通，使我做成了這筆交易，這就是溝通的藝術，權衡利弊，換位思考，我一定要把它運用得更好。」

戈麥斯回到辦公室後也有同樣的感觸，他也同樣清楚，這筆交易使他獲得一個相對穩定的規模經濟和市場地位，可以迎接一場巨大的挑戰。

奇異公司想要擴張歐洲市場版圖，看起來是件難事，但透過威爾許的溝通談判，奇異公司在歐洲的市佔率提高到十五％。湯姆遜公司也實現了成爲最大規模的電視機生產商的夢想。

威爾許、戈麥斯都各自實現了自己的理想，最終取得了雙贏。

在商場上，雙贏無疑是最佳的選擇，但要做到這一點，卻具有一定的難度，必須具備溝通智慧，爲彼此製造機會。

威爾許、戈麥斯成功的原因很簡單，就是能夠明白彼此的需求，進行有效的溝通，雙方都能站在對方角度看待問題，找到了彼此可以交換的利益，最終各取所需，各有所得。

迂迴側擊才能突破僵局

當談判雙方在某個問題上爭執不下時，自信加技巧就是獲勝的關鍵。誰更自信、誰說話更有技巧，誰獲得成功的可能性就越大。

談判時，避開對方正常的心理期待，從一個對方以為不太重要的地方展開交涉，往往可以讓對方的思考、判斷脫離預定軌道。等到對方逐漸適應你的思考邏輯後，再回到協商主題，這種迂迴側擊的方式，通常能在談判中發揮不錯的效用。

某家玻璃廠廠長率團與美國歐文斯公司就引進先進的浮法玻璃生產線一事進行談判。雙方在部分引進還是全部引進的問題上陷入僵局，廠方提出部分引進的方案，但美方無法接受。

這時，廠方代表突然轉換話題，「全世界都知道，歐文斯公司的技術是第一流的，設備是第一流的，產品也是第一流的。」

先三個「第一流」，誠懇而中肯地稱讚了對方，使對方由於談判陷於僵局而產生的沮喪情緒得以消除。接著，廠方代表又說：「如果歐文斯公司能幫助我們玻璃廠躍居爲第一流的水準，那麼，我們全廠上上下下的員工都會非常感謝你們。」

這麼一來，剛剛扯遠的話題又轉了回來。由於前面說的恭維話，已解除了對方心理上的抗拒感，所以對方聽到後面說這些話時，似乎也覺得順耳許多。

「我想美國方面當然知道，現在，義大利、荷蘭等幾個國家的代表團，正在我國北部的玻璃廠進行引進生產線的談判。如果我們之間的判因一點點小事失敗，那麼，不僅是本玻璃廠，歐文斯公司方面也將蒙受巨大的損失，這不僅是生意上的，更重要的是聲譽的損害。」

這裡，廠方代表沒有直接提到談判中最敏感的問題，也沒有指責對方缺乏誠意，只是用「一點點小事」來輕描淡寫，目的當然是沖淡對方對分歧意見的過度關注。同時，點出萬一談判破裂將造成美方巨大損失。

廠方代表接著說：「目前，我們的確因資金有困難，不能全部引進，這點務必請你們理解和原諒，並且希望在我們有困難的時候，你們能伸出友誼之手，爲我們將來的合作奠定一個良好的基礎。」

這段話中，已將對方視爲己方的朋友，表現出現在不是在談買賣，而是朋友之間互相幫助的態度。

這樣的結尾，使玻璃廠方代表所說的話顯得既通情又達理。果然，經過廠方代表的迂迴側擊攻勢之後，談判僵局打破了，雙方終於簽訂協議。

迂迴攻勢在談判中要持之有據、言之有理，提及的理由是對方沒有考慮過的，或是考慮得不周全的。只有這樣，說出來的話才有「分量」，才會引起對方的注意，重新加以思考。

使用迂迴法時，說話的態度要始終充滿自信。當談判雙方在某個問題上爭執不下時，自信加技巧就是獲勝的關鍵。

誰更自信、說話更有技巧，誰獲得成功的可能性就越大了。

輯 4.

讓事實和道理說話

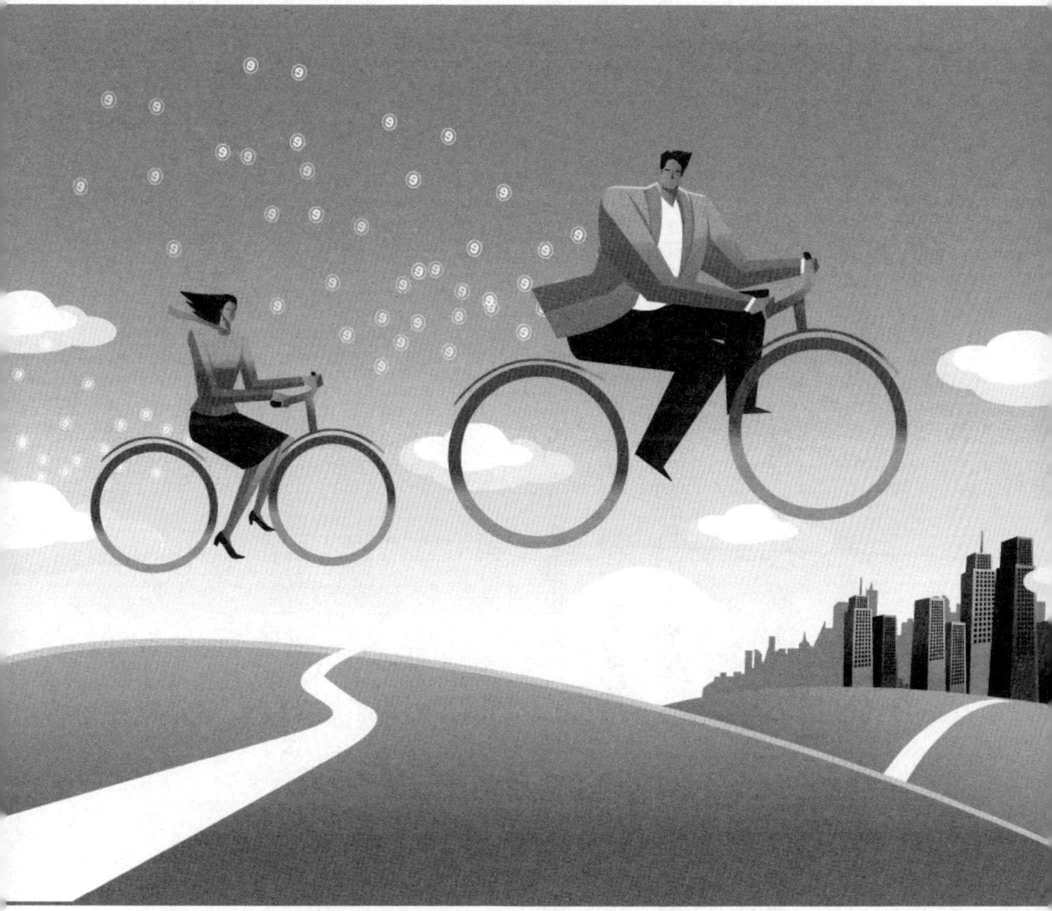

勸導說理要具體實在，提出事實，出言有據，

只要事實確鑿，對方的觀點就會不攻自破。

別用自己的標準指責別人

每個人都存在著某個方面的不足，既然自己都有某些做不到的事、達不到的目標，那麼又怎麼能苛求他人呢？

在現實生活中，每個人都一定會有缺點，既然誰也免不了有不足之處，就不應該對他人過於苛求，更不能要求他人按照我們的想法進行改變。如果不懂得這個道理，不僅不能達到自己的目的與願望，反而還會造成雙方的關係緊張。

林肯曾說：「對人要以仁慈為懷。」這句名言一直流傳到今天，它是林肯對於自己人生的警惕與反省。

林肯年輕的時候，待人處事往往不夠謹慎，甚至有些任性。他經常寫信指責別人，有時還會故意把這些信扔在鄉間的道路上，讓路人撿起來。

直到林肯在伊利諾州的斯普林費爾德當律師，這個壞習慣仍然沒改掉。

有一次，他又在《斯普林日報》上發表了一封匿名信嘲諷一位政客，當然，那位政客也不是好惹的，他看到這封信後火冒三丈、怒不可遏。

他立刻怒氣沖沖地騎馬上門來找林肯，堅持要與他決鬥，差一點就發生了一場流血事件。

林肯從這件事情中獲得寶貴的教訓。從此以後，他決定再也不寫些挖苦別人、傷害別人的文字了，也不再嘲笑或指責旁人，而且還經常告誡自己的朋友：「不指責別人，你自己也不會受人譴責。」

「不輕易指責別人」是林肯最偉大的優點之一，這個優點也讓他在從政之路搞定了許多難搞的人和事，值得每一個人借鑑。

「不輕易指責別人」用在現代社會中，也可以解釋爲「不苛求別人」。每個人都存在著某個方面的不足，既然自己都有某些做不到的事、達不到的目標，那麼又怎麼能用自己的標準苛求他人呢？

人與人之間的關係是互相的，要想贏得有效的助力，首先要寬以待人，這樣對方才不會用刻薄或激烈的手段回敬你。

能言善道更容易行銷

語言是與客戶交流的媒介，任何推銷活動首先必須用語言搭起橋樑，進而展開商業活動，最終達到銷售的目的。

能言善道在現代社會爲人處世當中，堪稱是一項必備的技能，會說話的人當然比較吃香。相對的，在商場上闖蕩，會說話、懂得說話的藝術，也能夠發揮重要的促銷作用。

語言交流是商業行爲的開端，這個頭起得好或不好，將會直接影響交易的成敗。話說得巧妙、恰當，自然能夠拉近與客戶之間的距離，對於業務的拓展將更有幫助。

某個公司的幾位年輕銷售人員在一次化妝品展售會上，運用十分專業的語言將公司產品原料、配方、功能、使用方法，向顧客進行詳細的介紹，讓前來參觀的客人留下非常專業的印象。

他們在回答消費者提出的各種問題時，不僅對答如流，而且彬彬有禮、幽默風趣，深深地吸引了消費者。消費者好奇地問道：「你們的產品眞的像廣告中所說的那麼與衆不同、那麼優秀嗎？」

一位銷售人員幽默地回答：「您試過之後的感覺，會比廣告上說的更好。」

消費者又問：「那如果我買回家去，試過以後卻不像你說的、廣告說的那麼好，該怎麼辦？」

另一位銷售人員笑著回答說：「此時，我們正在想像您爲之陶醉的表情。」

無疑地，這次展售會相當成功，產品的銷量不僅超過以往，品牌的知名度也大大地提升。在公司的檢討會上，經理特別強調銷售人員語言訓練的重要性，在往後的銷售技能培訓上，更加注重「說話」的能力訓練。

從事行銷工作的人，說話一定要掌握好尺度，什麼時候該說什麼話，應該怎麼表達，要更加講究技巧，如此一來，才能抓住顧客的心，讓他們心甘情願掏出錢來消費。

一個賣布料的營業員小張很會做生意，每個月的銷售額都高出其他營業員一大截，有人問他原因：「你這麼會做生意是不是有什麼高超的技術，是因爲你都將產品形容得天花亂墜嗎？」

他回答說：「不是。」

一天，一位顧客站在櫃檯前左顧右盼，不時用手摸摸櫃檯上的布料，但卻一直沒有開口詢問價格。

小張根據自己的經驗，判斷這位顧客有購買布料的意思，便主動上前去說：「這塊料子很不錯，但我告訴您，只要仔細看看就能發現，它染色的深淺不一致，如果我是您，就不要這一塊，買那一塊。」

說著，他就從櫃檯上抽出另一匹布料，展開之後接著對顧客說：「這塊布料搭您的膚色眞適合，而且只比您剛才看到的那種每尺多幾十塊錢，是不是買這塊比較划算？」

顧客被小張的熱情、坦誠打動了，就買下他推薦的那塊布料。

語言是人與人交流的一種工具，能夠促進感情和思想的交流，增強人際關係的和諧。只要人際關係沒問題，再怎麼困難的事情都能迎刃而解。對於銷售人員來說，語言更是與客戶交流的媒介，任何推銷活動首先必須用語言搭起橋樑，進而展開商業活動，最終達到銷售的目的。

商場上，生意能否談得成，就要看你是否懂得怎麼說話，如果讓顧客覺得你是將心比心地站在顧客的立場爲他精打細算，那麼就能降低對方的戒備心態、防禦心理，讓他產生認同感，進而促成交易。

揣摩心意，就能讓對方同意

被說服者會感到憂慮，主要是擔心「同意」之後就會產生意想不到的後果。如果能夠洞悉他們的心態，並加以疏導，成功率就會大大提升。

求人做事不可能一蹴而就，不能凡事都直來直往。

想要說服別人，別人就會本能產生反說服的心理，越努力說服，對方的防範心理就會相對越發強烈。相反地，若是循序漸進，用誘導的方式一步一步試著說服對方，就會順利得多。

那麼，該如何達到自己的目的呢？

曾經有一位人力資源專家表示：「假如對方很愛說話，那麼我就有希望成功地說服他。因為對方已經講了七成話，我們只要說三成話就夠了！」

實際上，很多時候，人們為了要說服對方，滔滔不絕地講道理，把話說了七成，只留三成讓對方「反駁」。這樣如何能順利圓滿地說服對方？

要學著儘量將自己原本說話的立場轉換成聽話的角色，瞭解對方的想法、意見，這才是最重要的。

如果感覺到對方依然堅持他原來的想法，此時最好的辦法，就是先接受他的想法，或者先站在對方的立場發言。

事實上，每個人都有很強烈的自尊心，當自己的想法遭到別人否決時，極可能為了維護自我尊嚴或嚥不下這口氣而變得更加倔強，排拒反對者的建議。若是說服別人落到了這個地步，成功的機會就相當渺茫了。

一家電器公司的推銷員挨家挨戶推銷洗衣機，當他到了某戶人家裡，恰好這戶人家的太太正在用洗衣機洗衣服。他就連忙說：「哎呀！妳這台洗衣機太舊了，用舊洗衣機是很費時間的。太太，該換新的啦！」

結果，還沒等這位推銷員把話說完，這位太太心中立刻產生了反感，駁斥道：

「你在說什麼啊！這台洗衣機很耐用，我都用六年了，到現在還沒有發生過故障，新的也不見得好到哪兒去，我才不換新的呢！」

這位推銷員只好無奈地離開了。

又過了幾天，又有一名推銷員來拜訪。簡單的寒暄之後，他初步瞭解了這位太太的心態，便說：「這是一台令人懷念的洗衣機，因爲非常耐用，所以對太太有很大的幫助呀。」

這位推銷員先站在對方的立場上說出她心裡的話，讓這位太太非常高興，於是她說：「是啊！這倒是眞的！我家這部洗衣機確實已經用很久了，是有點舊了，我正在考慮要換一台新的洗衣機呢！」

於是，推銷員馬上拿出洗衣機的簡介，提供給她做參考。

用這種說服技巧，對推銷產品確實大有幫助，因爲這位太太已經動了購買新洗衣機的念頭。至於推銷員是否能夠說服成功，答案幾乎是肯定的，只不過是時間長短的問題罷了。

有時對於會使對方感到不安或憂慮的問題，要事先想好解決之道，以及說服的方法，一旦對方提出問題時，就要立刻提出明確的解釋。如果事先準備不夠充分，講話時模稜兩可，反而會令人感到不安。

所以，在行動之前，應該事先想好一個能夠引起對方思考的問題，此外，還應準備充分的資料，讓對方感到方便安心，這是相當重要的。

善於觀察與利用對方微妙心理，是幫助自己提出意見並說服別人的要素。

一般來說，被說服者會感到憂慮，這是正常的情況，主要是擔心「同意」之後就會產生意想不到的後果。如果能夠洞悉他們的這種心態，並加以疏導，成功率就會大大提升。

埋怨別人不如檢討自己

戰勝困難容易，超越自我卻非易事。充分地認識自己、瞭解自己，才能調整心態往積極的方向發展，進而創造一個良好的發展環境。

工作中不要只知道抱怨上司，卻對自己的錯誤毫無所覺。如果你認爲別人老是刁難你，不妨適時檢討一下自己，反省自己以往的工作表現，不足的地方應及時改正，如果不清楚自己的表現情況，不妨向同事或上司虛心請教。

處理人永遠比處理事情困難，唯有與上司有良好的溝通，工作才能順利進行，工作的氣氛才會越來越好。千萬不要凡事都指責上司，抱怨他不給你機會。

某家貿易公司的一名員工對自己的上司很不滿意，經常對朋友說：「我的上司根本就不把我當一回事，總有一天我要讓他好看！」

有一天，他的朋友反問他：「那你對你自己的表現滿意嗎？對你們公司的業務都很熟悉嗎？」

他說：「還不太清楚，但我覺得我已經把我的本份工作做得很好了。」

朋友建議說：「我建議你最好把關於國際貿易的技巧、商業文書等相關事務好好研究一番，再與你們經理坐下來好好聊一聊，看看你在經理的眼裡是什麼樣子，再聽聽他對你的期望和要求，心平氣和、理性地談一談，如果你們交流之後你還是覺得自己不適合待在這家公司，再辭職也不遲啊。」

他點頭贊同了朋友的看法，回到公司之後改變了自己的以往的工作態度，勤懇地學習公司業務。

不久之後，經理把他叫進辦公室肯定地對他點點頭，把一項非常重要的工作交給他處理。他不解地看著經理，經理爲他倒了一杯茶，接著對他說：「我相信你現在的能力了，所以把這項任務交給你辦我很放心了，大膽地去做吧，做出點成績來給我看看。」

他謙虛地說：「可以問問爲什麼以前……」

經理說：「其實以前我也在時時地注意你，只是你太浮躁了，只知道怪罪別人，卻不懂得檢討自己，這樣的員工不是我們想要的，我不能把重任交給這樣的人。現在你成熟了，該是獨立完成任務的時候了。」

現在，他終於明白了經理的用意，同時也感到自己以往只會抱怨別人的行爲是多麼幼稚，因而在心中默默下定決心要將工作做到最好，不再辜負經理的一片苦心。

溝通是聯繫上級與下屬的重要紐帶，將紐帶的兩端繫好，才能發現自己的不足以及優異之處，也才能夠適時改進缺點、發揚優點，將工作做得盡善盡美，替自己的未來鋪設一條康莊大道。

戰勝困難容易，但是超越自我卻非易事。越沒本事的人，越不知道自己有幾兩重，也越不懂得和別人溝通，既不會做人，也不會做事。一個人只有充分地認識自己、瞭解自己，才能調整心態往積極的方向發展，進而創造一個良好的發展環境。

搞懂對方的想法，事情就沒那麼複雜

一個人之所以依照自己的想法做事，一定存在著某種原因。查出那個隱藏的原因，你就等於擁有解答對方行為的鑰匙。

想要擁有絕佳的人際關係，最有效的做法是搞懂別人的想法。只要搞懂對方的想法，事情就沒想像中那麼複雜。

試著去瞭解別人，從對方的觀點來看待事情，如此一來也許就能解決許多棘手的問題，使你達成目的，減少摩擦和阻礙。

一位對工作兢兢業業的年輕人威森，爲一家專門替服裝設計師和紡織品製造商業設計花樣的畫室推銷草圖，一連三年，威森先生每個星期都會去拜訪紐約一位著名的服裝設計師。

「他從不拒絕接待我，」威森回憶這段經歷時說道：「但是，他也從來不買我的東西。他總是很仔細地看看我的草圖，然後說：『不行，威森，我想我們今天談不成了。』」

經過一百五十次的失敗，威森終於明白自己失敗的原因。於是他下定決心，每個星期抽出一個晚上研究與人溝通課程。不久，他開始嘗試一種新方法。他隨手抓起六張畫家未完成的草圖，衝入買主的辦公室。

「如果你願意的話，希望你幫我一個小忙，」他說：「這是一些尚未完成的草圖。能否請你告訴我，我們應該如何把它們完成才能對你有所幫助？」

這位買主默默看了那些草圖一會兒，然後說：「把這些圖留在我這兒，過幾天再來見我。」

三天以後威森又去了，獲得買主的某些建議，他拿了草圖回到畫室，按照買主的意思把它們修飾完成，結果這次那位買主全部接受了。從那時候開始，買主又訂購了許多其他的圖案，還把威森介紹給他的其他朋友。

所有這些都是根據買主的想法畫成的，威森卻淨賺了不少傭金。

「我現在明白，這麼多年來，爲什麼我一直無法和這位買主做成買賣。我以前只是催促他買下我認爲他應該買的東西，而我現在的做法正好完全相反，我鼓勵他把他的想法告訴我，我現在根本用不著去向他推銷。」

當希歐多爾．羅斯福當紐約州州長的時候，一方面和政治領袖們保持很良好的關係，另一方面又強制進行一些他們不支持的改革。

如果有一個重要職位空缺時，他就邀請所有的政治領袖推薦接任人選。羅斯福說：「起初他們也許會提議一個很差勁的黨棍，就是那種需要『照顧』的人。我就告訴他們，任命這樣一個人不是好政策，大衆也不會贊成。」

「然後他們又會建議另一個老官僚的名字。我告訴他們，這個人無法達到大衆的期望，接著我又請求他們能否找到一個顯然很適合這職位的人選。」

「經過幾次之後，他們就提名一個我心目中的最佳人選。我對他們的協助表示感激，接著就任命那個人，還把這個任命的功勞歸之於他們。我這麼做是爲了能使他們感到高興，他們則以支持像『文職法案』和『特別稅法案』這類全面性的改革方案來讓我高興。」

羅斯福面對棘手的問題，會盡可能地向他人請教，並尊重他們的忠告。當他要任命重要人選時，也讓那些政治領袖們覺得，是他們推薦了適當的人選，如此一來，推動政務之時當然減少許多阻力。

一個人之所以依照自己的想法做事，一定存在著某種原因。查出那個隱藏的原因，你就等於擁有解答對方行爲的鑰匙。

人與人之間的互動其實沒那麼複雜，如果你問問自己：「如果我處在他的情況下，我會有什麼感覺，有什麼反應？」那麼你就會節省不少時間，減少很多苦惱，並大大增加你在人際交流方面的技巧，順利達成自己的目的。

及時給「糖果」，會有不同的效果

賞人巴掌之後要記得給他一顆糖果！及時補救不僅安撫對方的情緒，還能讓他心甘情願地更加賣力。

人難免會有情緒起伏，但是，意氣用事、過於衝動的結果，往往會造成他人情感上的傷害。

事情發生的原因也許在於自己，也有可能是對方的緣故，但無論如何，這時都需要以積極的心態來處理已經發生的事情，及時進行溝通、交流，防止壞情緒繼續蔓延下去。

張總經理的脾氣比較暴躁，並且對於工作總是一絲不苟，如果讓他看到哪個部門經理工作不負責任，或者令他不滿意，他就忍不住當面直接地指出來，讓對方很難堪。

雖然張總經理這麼做是爲了工作，部門經理們的心裡也很明白，知道他是對事不對人，但是心裡畢竟不是滋味。

有一回，張總經理又在辦公室發飆，把一個部門經理痛罵一頓。事後，張總經理冷靜下來，知道自己太衝動了，而且後來聽部下解釋，知道那個錯誤只是意外事件，並非整體表現不佳，況且這位經理平時的工作十分出色，成果還是可觀的。

於是，張總經理馬上進行「補牢」的工作。

那天下班之前，他派人把這位經理找來說：「今天委屈你了，首先，由於我過於衝動沒有認眞地瞭解實際情況，對你的責怪不當，我感到很抱歉。不過，你們部門的工作效率仍然需要提升，相信你能做到這一點。」

幾句話讓部門經理的心理得到了安慰，同時又有一種被信任感，再大的委屈也就拋到九霄雲外去了。

賞人一個巴掌之後，記得給他一顆糖果！

雖然大家都知道要控制自己的情緒，不能輕易地「打人巴掌」，但既然「打」了，事後給不給「糖果」，效果便大不相同。

及時補救、及時交流，能讓整體情勢朝著完全不同的方向走，不僅安撫對方的情緒，還能讓他心甘情願地更加賣力，不至於讓自己在推動計劃之時遭遇無謂的阻力。

讓事實和道理說話

言之有理，就可以發揮強大的威力。勸導說理要具體實在，只要事實確鑿，對方的觀點就會不攻自破。

「動之以情，曉之以理」，是與人溝通兩項最基本的原則。

「動之以情」是以情感人，著重於溫情攻勢，至於「曉之以理」則是以理服人，提出事實、講述道理，讓對方從你說的道理當中有所領悟，進而接受你的意見，按照你的建議行事。

中國大陸解放初期，有一天，某位市長來到市內一家紡織工廠，他笑著對廠長說：「老闆，我冒昧來訪，歡迎嗎？」

這位老闆正爲了一件事發愁，便發起牢騷：「市長，今天工會又來要我廢除『抄身制』。現在即使工人下班前有抄身、搜身，工廠還是經常遺失紗布，如果取消抄身制度，紗廠不被偷光才怪！」

市長品了口茶，不急不緩地說：「我在法國當過工人。那個工廠規模很大，工廠四周築起高牆，拉上電網，還雇了一大幫荷槍的員警，對每個下班的工人從頭搜到腳，身上連一根針也藏不住。但結果呢？原料、零件還是大量遺失，爲什麼呢？」

老闆疑惑地搖了搖頭，市長繼續說：「因爲那個老闆只把工人當成工具，勞動量大，工資卻很少，工人實在難以養家餬口。既然工廠賺錢與否對工人毫無好處，那他們爲什麼不拿工廠的東西？然而現在情況不同了，工人翻身成了主人，他們知道要先強化生產與經營，自己的待遇才能改善。所以，以我之見，你不妨在紡織業裡帶頭廢除『抄身制』，關心工人利益，待工人如朋友，遇到困難多與他們商量，我相信眼前的困難一定能夠克服。」

老闆聽了連連點頭。第二天，他就主動向工會申請廢除「抄身制」。

那位市長的一番話，讓當時中國資本家奉行的「抄身制」取消了，足見勸說有術，言之有理，就可以發揮強大的威力。

勸導說理要具體實在，不能光講空話、大話，需要的是事實論證。以理服人最重要的一點是提出事實，只要事實確鑿，對方的觀點就會不攻自破。

勸說之時，必須切中要害。

被勸說的一方往往對於某個問題想不開或是懷有成見，想要成功說服他，就必須對準這個要害切入。否則，只會流於喋喋不休，縱使磨破了嘴皮，也是隔靴搔癢，不能眞正解決問題。

只要成功扭轉對方的觀點，還有什麼事情搞不定呢？

拉近心理距離從讚美開始

讚美具有一種神奇的魔力，它能讓干戈化為玉帛，讓尷尬化於無形，拉近與陌生人之間的心理距離。

用誠懇的態度，熱情洋溢的話語來讚美對方，不僅能表現出自己的涵養、友善，迅速博得對方好感，還能讓對方感到自我價值受到贊同、認可。

人受到讚美的時候，會認爲自己內心深處有著與對方相通的地方，進而產生共鳴，渴望與對方拉近感情，深入交往。

印尼前總統蘇加諾是個外交好手，有一次他訪問中國大陸，在廣州爲他舉行的歡迎會上，對在場的年輕人說了這樣的一番話：「今天，我和大家見面，感到非常幸福，你們年輕人是民族的希望，未來的建設者，未來的主人翁。青年人是多麼幸福啊！印尼有很多神話，其中有一篇說到一棵神樹，這棵樹被稱作『願望之樹』，誰要是站到神樹的下面，說出自己的願望，那麼，他的願望就能夠立即實現。假如，現在我能夠站到這棵神樹下，來了一個神仙問我說：『喂，蘇加諾，你想要什麼？你有什麼要求？』我就會告訴他：『我希望恢復我的青春。』」

蘇加諾針對年輕的聽衆，熱情地歌頌他們擁有的寶貴青春，這些誠摯的肺腑之言，一方面激起了聽衆的自豪，另一方面使聽衆認爲這個演講者和藹可親、值得信任，拉近了感情也增進了友誼。

在某些特定的場合，對陌生人直接的讚美會顯得矯揉造作、有失妥當。不妨盛讚與對方密切相關的其他事物，藉此表達自己對於對方眼光獨到、經營有方的欣賞，這將會讓對方倍感自豪，興致大發，如此便能拉近了與陌生人之間的心理距離。

讚美具有一種神奇的魔力，它能讓干戈化爲玉帛，讓尷尬化於無形，讓陌生走向友誼。

打招呼是拓展人際的第一步

不論是對每天碰面的人，或對於不常交談的人，都應滿懷親切地和他們打招呼。能愉快地和任何人打招呼，就能建立起良好的人際關係。

保持沉默是無法做好交際工作、拓展人際關係的，人與人之間的交情，必須要由自己主動去創造機會才能產生。

在人的一生中，不免會和各種人物接觸，雖然並不是每個人對自己都很重要，但也不能因此逃避與人交往的機會。說不定今天意外認識的人，就會成為人生路途上的大貴人，例如美國前總統林肯就有類似的例子。

在某個寒冷的日子裡，林肯走在前往辦公室的路上。他原本想乘坐馬車，但又覺得坐車太過浪費，於是只好縮著脖子繼續趕路。這時候，從他後方傳來了一陣馬蹄聲，回頭一瞧，馬車上坐著一位穿著體面的男士。

一見此景，林肯毫不猶豫地趨步向前，滿面笑容地向他打招呼：「我是律師林肯。很抱歉，能否麻煩您幫我將外套送到辦公室去呢？」

「當然沒問題，只是天氣這麼冷，你不穿外套嗎？」這名男士訝異地問。

林肯若無其事地回答說：「當然連同我的身體一起送上呀！」

馬車上的男士笑了，伸出手說：「請上來吧！」

兩人從此結下不解之緣，成爲莫逆之交。在林肯競選總統時，此人曾廢寢忘食地鼎力相助，是林肯的得力戰友。

由這例子可知，打招呼這行爲，表面上看來雖只是芝麻綠豆般的小事，但在拓展兩人的友誼上，卻能發揮了無比強大的力量。

相信許多人都會坐飛機出差，那麼，試著和鄰座的人聊聊天如何？只要能輕鬆地打聲招呼，也許就能順利展開接下來的談話。

若是聊得投緣，不但在飛機上的時光不會寂寞、無聊，說不定下了飛機後還能繼續往來、保持聯絡，甚至成為事業上的合作夥伴。

另外要注意的是，在辦公室裡，打招呼很容易流於形式，必須用點心。同事間天天見面、天天打招呼，但由於彼此都不用心，因此「打招呼」這項行為，就變得對加深彼此情誼毫無作用了。

其實，不論是對每天碰面、彼此很熟悉的人，或對於不常交談、十分陌生的人，都應滿懷親切地和他們打招呼。若能愉快地和任何人打招呼，往往就能夠建立起良好的人際關係。

輯5.

說話能力決定你的競爭力

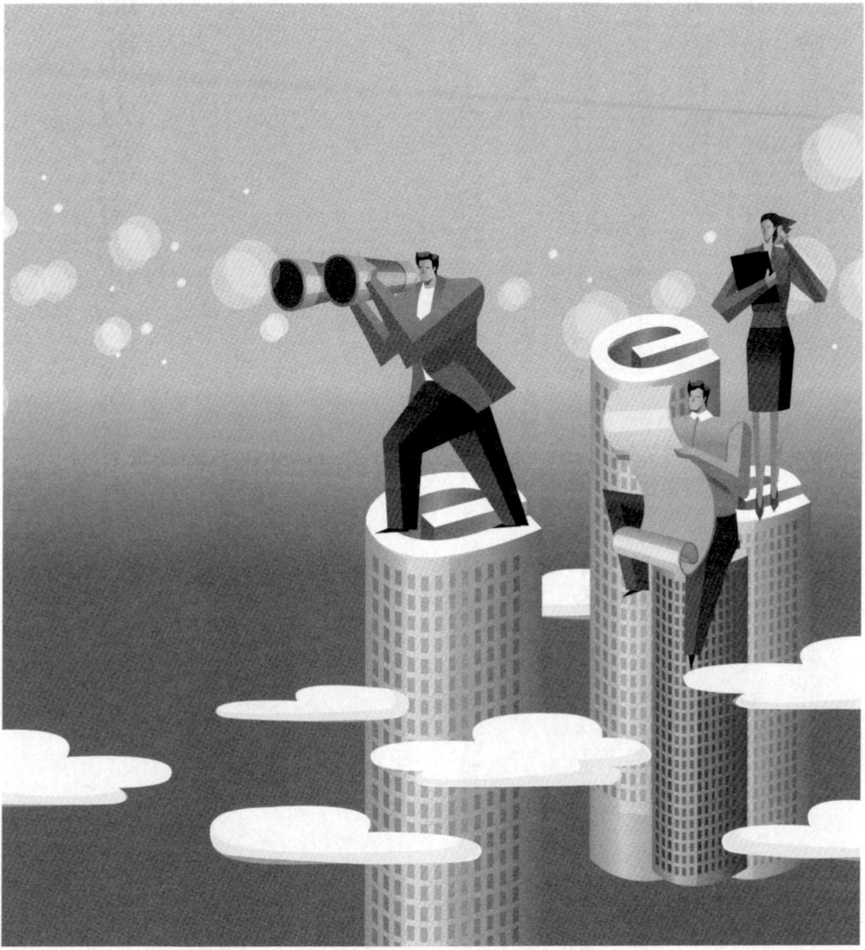

與其說推銷語言是一門技術，
倒不如說是一種藝術，
因為一句話可以讓人跳，也可讓人笑。

說話能力決定你的競爭力

與其說推銷語言是一門技術，倒不如說是一種藝術，因為一句話可以讓人跳，也可讓人笑。

美國口才專家鮑特說：「在注重自我行銷的商業社會裡，說話已經成為專門藝術，說話的能力決定一個人做成多少生意。」

的確，具有良好的口才，表達能力強又彬彬有禮的人，必然是商場上的常勝軍。如果你想成爲成功的傑出人士，就必須掌握「把話說進心坎裡」的應對藝術，鍛鍊自己的說話能力。

口才是現代社會必備的競爭資本，「站在對方的角度說話」更是商業社會的成功之道，唯有具備良好的說話能力，才能在商業社會遊刃有餘。

在你看來，高明的語言應用是技術，還是藝術？

一位剛進入某百貨公司服裝專櫃任職的女店員，雖然工作之時笑容可掬、和氣親切，業績卻始終不怎麼樣。

她始終不明白，爲什麼經過的人多、看的人少，更糟糕的是，往往她一開口介紹，連那些挑挑揀揀的人都馬上放下衣服離開。

主管也同樣感到疑惑，特地找一天前來專櫃實地了解。

不久，一位衣著時髦的少婦走來，對著穿在模特兒身上的洋裝，躊躇再三，似乎有些心動。那位專櫃小姐一心想要趕快促成生意，便上前說：「這件衣服銷路很好喔！光是今天一早，就賣掉了好幾件。」

沒想到適得其反，那位少婦一聽，扭頭就走，心想既然大家都買，要是穿出去撞衫多麼尷尬，還是算了吧！

一段時間之後，又來了一位中年婦女，拿起一件設計新潮的背心，似乎相當中意。專櫃小姐見狀，馬上又勸說：「這件衣服很有特色，一般人恐怕還穿不了呢！

上市之後，一件都沒有賣出去，看來就是適合您這樣的人啊！」

那位中年婦女一聽，竟以爲對方在挖苦自己，立刻漲紅著一張臉，氣鼓鼓地快步離開。

爲什麼這位敬業的專櫃小姐做不成生意呢？說穿了，就在於說話技巧太差，完全不懂得「站在對方的角度說話」。

若是無法摸清顧客心理，不能因人而宜、恰如其分地打動人心，絕對不可能達到理想成績。言語的影響力遠比想像來得大，可以說，一件商品或一項服務的加分減分，往往都與售貨員的說話技巧脫不了關係。

身爲服裝專櫃的售貨員，若是逢人就說：「這件衣服您穿上去，一定更顯年輕。」或許可以滿足部份顧客的虛榮心理，但也可能不知不覺中得罪部分實際年齡並不大的顧客。

所以，與其說語言的運用是一門技術，倒不如說是一種藝術，因爲一句話可以讓人跳，也可以讓人笑，端看運用是否高明。

如果不能掌握顧客的心理，不能針對他們的需求切入，無法做到「見什麼人，說什麼話」，便難保不會說出「讓人跳腳」的糊塗話。

面對不同的景況和不同的交談對象，運用最正確的說話態度和語言技巧，往往可以幫助我們快速達成目的。相反的，如果無法掌握說話藝術，非但浪費唇舌，無法達成自己想要的目的，還可能造成彼此誤解，衍生不良後果。

不要以為說話沒什麼了不起，口氣往往決定你的運氣。細心研讀並靈活應用說話藝術，會增進你的競爭力，使你成為一個精明的商人、出色的推銷員、成功的企業家，談成別人談不成的大生意。

只要時常模擬現代社會中各種常見的場景，勤加演練，就能用正確的方式增強自己的應對能力，增添自己的魅力與說服力。

用不著痕跡的方式做生意

只一味抱持促銷態度，將使得雙方對話無法成立、延續，甚至讓顧客產生反感。如此一來，想當然爾，什麼生意都做不到。

曾有一位經驗老到的推銷員這樣說：「顧客的鈔票，正是最佳推銷員的『選票』。身為一個推銷員，能賺的錢越多，便說明你越出色。」

然而，賺錢不是一件容易的事情。從別人的口袋裡掏錢，總是會讓對方產生心痛的感覺。所以，一個眞正出色的推銷員，要能夠利用心理戰術，使顧客心甘情願地掏腰包。

設身處地想想，若是你在觀光時順道前往一家商店，才踏進門，所有店員馬上一擁而上，拿出最昂貴的商品七嘴八舌推銷，必定會讓你內心產生被強迫購買的反感。店員越是熱心，可能激起的反感就越是強烈。

這種推銷能產生好效果嗎？答案絕對是否定的，非但達不到目的，還會適得其反，嚇得顧客從此不願再踏進店內一步，四處告訴別人自己的慘痛經驗。

身為店員，究竟該怎麼「下手」才好？

此時，店員與顧客的對話，應離開「推銷」兩字，轉而由一些比較輕鬆的、和旅遊相關的、可以引起愉快回憶並拉近彼此距離的事情下手，例如詢問顧客這一趟打算玩幾天、計劃在什麼地方過夜、將拜訪哪些名勝古蹟……等等。

對話可以如此開始：「您是什麼時候出發的啊？打算玩幾天呢？唉呀！既然都大老遠來到這個地方，去了那座最有名的山沒有？還有，我們這裡最好吃的名產也別忘了帶上一點回去，無論是當紀念或者贈送親友都……」

你會驚訝地發現，從旅行時的樂趣切入，成功的可能性比一味猛推銷要高得多。店員能打開顧客的話匣子，而顧客的樂趣、興奮也可傳遞出來，引起彼此共嗚。透過交談，不知不覺達成推銷目的，是非常高明的方法。

或者，也可以用「建議」方式著手，向顧客說：「住七天啊？那您的東西可得妥善分類裝好才行。這個小包正好適合呢！下車欣賞景點的時候可以裝所有隨身物品，還有足夠空間，就算買了紀念品也不用擔心放不下。」

如此，不僅皮包、皮箱和一些輕便隨身小包可望賣出，其他關聯性商品也能搭「順風車」出售。

如果你從事銷售業務，那麼就應該以正確觀念導正自己的做法——只一味抱持促銷態度，將使得雙方對話無法成立、延續，甚至讓顧客產生反感。

如此一來，想當然爾，什麼生意都做不到。

站在對方的立場說話，才是最恰當的銷售方法。畢竟，得先讓別人愛聽你說的話，才可能進一步達到自己的目的，不是嗎？

喊出名字是關係建立的開始

讓陌生人成為朋友，以言語打動他人的兩大原則，就是記住對方的姓名，並真心付出關懷。

人類行爲雖複雜，其中卻包含一個極重要的法則，遵從這個法則行事，就不會惹來棘手的大麻煩，甚至可以得到許多友誼和快樂。

這個永恆不滅的法則，就是「時時讓別人感覺自己的重要」。你若是能準確投合人性最深刻的渴求，就等同在對方的感情帳戶內，存入更多有利於生意成交的資本。

這些人際應對法則，運用到商業經銷領域，重點很明確，就是「讓顧客感到自己備受重視」。

達到這個目的的方法很多，最重要是由兩個面向著手：

●記住名字

名字象徵的意義，不僅僅是表面上的代稱，喊出對方的名字，會讓對方感覺聆聽到世界上最悅耳的音符。

可以說，名字是構成個人身份和自尊最不可或缺的要素。人性天生的本能告訴我們，那些能夠記得自己名字的人，一定相對較重視自己。

所以，要想以言語敲開他人緊閉的心門，與很難打交道的客戶建立關係，最簡單也最有效的辦法，就是記住他們的名字。

每當和陌生人或潛在的事業夥伴進行接觸，一定要想辦法探聽出對方的名字，而且務求正確。然後，在談話過程中，你要盡可能地讓自己一有機會就提及他的姓名，以強調對他的重視。

聰明的人懂得見什麼人說什麼話，而毫無疑問，自己的「名字」是人人都愛聽的話。

發萊是一個沒受過中學教育的人，四十六歲那年當上了美國民主黨全國委員會主席，成功地幫助羅斯福登上美國總統的寶座。

他的成功秘訣是什麼呢？

出乎意料，答案竟在於「能夠叫出五萬人的名字」。

無論什麼時候，只要遇到不認識的人，他都會問清對方的全名、家裡人口、職業以及政治傾向，然後牢牢記住。

下一回再遇到那個人，即使已經過了很長一段時間，仍能拍拍對方的肩膀，問候他的妻子兒女，甚至後院栽種的花草。

做到這種地步，有那麼多選民願意追隨，也就不足爲怪了。

李小姐是一位經驗老到的業務員，剛剛接手一個地區的業務，立刻前往拜訪一位可能的客戶。

走進某企業的辦公大樓後，她直接找到總經理辦公室，非常自信地走向秘書小姐，伸手說：「您好，敝姓李，請問您是？」

秘書小姐自然不得不伸出手說：「我姓張，請問您有什麼事？」

一來一往之間，李小姐巧妙地得到了對方的名字，並在接下來的談話中不斷提及，立刻讓秘書小姐有一種受到重視的感覺，之後，再請她幫忙安排時段，引見總經理，也就容易許多，甚且順理成章了。

無論你從事什麼行業，和陌生人打交道之前，請千萬記住——沒有什麼比記住顧客的名字更重要。

•真誠關心

《伊索寓言》中有一句名言：「太陽的溫和炎熱，要比驕傲狂暴的北風，更容易脫去行人的外衣。」

所有在商業社會活動的人都必須認清，顧客絕對不是敵人，更不是討厭的傢伙，而是自己的朋友，或者更直白一點形容，就是自己的「衣食父母」。所以，要做到的很簡單，就是把焦點從「我」轉到「您」身上，把每一個和自己交談的陌生人都當作「朋友」那樣關懷，體會他的喜怒哀樂，解決他的問題，滿足他的需求，說他喜歡聽的話。

只要讓對方覺得你是眞心對他好，當然會讓你得到應有回報——一筆成交的生意和眞正發自內心的感謝。

關心別人，並讓別人明確感受，必須做到：

1. 真誠自然地對他人心存感激。
2. 來到任何一個環境，都不忘向在場的每一個人打招呼。
3. 用熱誠、有精神的態度向人致意。
4. 設身處地去了解、體會對方的困難與需求。
5. 投入時間與精力，為他人多做一些事。

比如，一位孤身在外闖天下的人，常常會在假日或節慶時感覺寂寞孤單。那麼，多打幾次電話，或者請他出來參加聚會，將有如雪中送炭般，足以讓他銘記在心裡。

如果你聽到客戶驕傲地談起孩子在繪畫比賽中獲獎，下次見面前，不妨挑一本好的畫冊或一盒好的顏料作爲禮物餽贈，一點小小心意，將是最好的恭維。做到這種地步，還怕對方拒你於千里之外嗎？

關懷是一條雙向道，在付出的同時得到收穫。

你的誠摯關懷將會如同一股暖流，不斷灌入對方的心田，讓友誼的種子生根發芽，結出令人欣喜的果實。

以言語打動他人的兩大原則，就是記住對方的姓名，並眞心付出關懷。

讚美，讓語言更甜美

善用語言的藝術，可以有效提升自己的推銷技術，鞏固人際交往，但也要小心別誤觸對方的「地雷」。

美國總統林肯曾說：「每一個人都喜歡被讚美。」

身為一位店員或推銷員，或者企業經營者，只要你想做成生意，那麼看到客戶所做的某一件事或所得到的成就值得讚美時，一定要馬上提出來，並且告訴他們，你非常欽佩與讚賞。

要知道，對顧客的成就、特質、財產所做的所有讚美，等同提高他的自我肯定，讓他更感到開心，並增加對你的好感和滿意度。

說一些讚美的話，用不了太多時間與太多精力，可以達到的效果卻超乎想像。不過幾秒鐘的時間，人與人之間的關係與情感就能夠大大增進，甚至是一百八十度的完全扭轉。

眞心的讚美，可以由以下幾種方式著手：

1. 稱讚顧客的衣著。

「我很喜歡你的領帶，搭起來眞有品味。」

「你穿這件毛衣眞好看，襯得氣色非常好。」

2. 稱讚顧客的孩子。

「您的兒子眞是可愛，而且非常懂事呢！」

「您的女兒好漂亮，她今年幾歲啦？上幼稚園了嗎？」

3. 稱讚顧客的行為。

「對不起久等了，謝謝您的體諒，您眞是有耐心。」

「自備購物袋嗎？唉呀！您眞是太有環保概念了！」

4. 稱讚顧客自己擁有的東西。

「這輛車保養的眞好啊！出廠很多年了嗎？完全看不出來呢！」

「從這頂帽子看來，您一定是洋基隊的忠實球迷吧！」

以上幾種形式的讚美，往往可以讓顧客感到高興，進而建立起自己的好形象。另外，讚美時，要注意以下細節，避免收到反效果：

1. 必須要有實際內容。

沒有實際內容的讚美，聽來會像是嘲弄。比如只說「您好偉大喲」，卻不說原因爲何，就顯得酸溜溜，容易令聆聽者不快。

2. 從細節開始。

與其只說某件衣服很漂亮，不如明確地說出漂亮在哪裡，例如「這身衣服很好看，尤其是下襬剪裁，很有修飾身材的效果」，就是一種高明的稱讚。

3. 切合當下的環境。

若當時天氣很熱，顧客因爲衣服穿得太多而猛冒汗，一臉狼狽，你就絕對不能說：「哇！這件衣服多漂亮啊！」

人性共同的弱點是期望獲得別人讚美、欽佩、尊重，因此，說話的最高藝術，就是運用口氣替自己創造運氣。只要你掌握人性的共同弱點，將自己的話語裹上一層糖衣，既可以激發對方內心潛在的慾望，更可以滿足對方渴望獲得認同的心理，順利地達成自己的目的。

善用語言的藝術，可以有效提升自己的推銷技術，鞏固人際交往，但與此同時也要小心，別觸犯那些顯而易見的禁區，或誤踩對方的「地雷」。

遭到拒絕，不必太氣餒

口氣決定你的運氣，想成功達成目的，不僅要從對方的角度切入，還要有辦法配合場合，說出最適合的話，這才是真正高明的境界。

「成功的銷售，從拒絕開始。」

別懷疑，這句話一點都沒錯，世界上本就不存在不會遭到拒絕的生意。不管產品品質多好，不管說明多麼詳盡，也不管你的推銷技巧有多麼高明，都不可能徹底打動每一個人，恰好滿足他們的需求。

即便是有意願的顧客，在決定購買之前，仍多少免不了產生懷疑、猶豫不決、困惑之類的情緒。

這就是決定銷售是否成功的關鍵，一個好的推銷員、精明的業務員，會馬上看出讓顧客猶豫的原因，並展開進一步說明。

他們懂得站在對方的立場說話，把話說進對方的心坎裡，同時也會視狀況說出能夠滿足對方需求、解答疑惑的話。

但如此就保證成功了嗎？事實上也並不這麼單純、容易。

因此，若遭受拒絕，不論對方態度是多麼的強硬甚至無禮，你都要告訴自己，不可就此被擊倒，反而應該感到高興——無論如何，自己的銷售技巧總是又向前邁進了一步。

潛能大師傅思．崔西曾經說過：「成功銷售所遇到的拒絕，往往會比失敗的銷售所遇到的多出兩倍。」

那麼，該如何應對拒絕呢？

應該遵守以下兩大原則：

• 用心傾聽

讓顧客輕鬆且盡情地表達反對意見，你才有機會找出被抗拒的原因。

• 表示尊重與讚美

對於顧客的拒絕，千萬不要馬上顯得喪氣或憤怒，而應該說：「這是很好的觀點，非常感謝您能提出來，我們會繼續檢討。」

遭到拒絕之時，千萬不要喪氣，而要據此找出自身弱點，調整銷售策略或表達方式，謀求改進。

處理顧客拒絕或反對意見的話術，可以有以下幾種：

1. 我非常能理解您的感受，最開始，我跟您有同樣的感覺。

2. 您說得非常有道理，不過……

3. 請問，您為什麼會有這樣的感覺呢？

當面對拒絕，應秉持五種正確的應對態度：

1. 不把拒絕當作否定，而看作經驗學習。

2.不把拒絕當作損失，而看作改變方向所需要的有效回饋。

3.不把拒絕當作痛苦，而看作是自己講了一個笑話。

4.不把拒絕當作懲罰，而看作是練習技巧並完善自我的機會。

5.不把拒絕當作受挫，而看作成交前不可少的一部分。

口氣決定你的運氣，想成功達成目的，不僅要從對方的角度切入，還要有辦法配合場合，說出最適合的話，這才是眞正高明的境界，也是値得所有在商場奮鬥的人努力的目標。

多問，釐清對方心中的疑問

無論是單純的疑問或者別有深意的反問、激問，都能協助你釐清顧客的想法，找出導致推銷困難的問題所在。

推銷，簡單來說，就是主體（主動展開推銷的人員）與對象（接受推銷客體者）進行雙向交流的過程。

而在過程中，經常可以發現有些顧客會不加思索地拒絕，根本連接觸都不願意，因此「推銷是從拒絕開始」絕對半點不假。

身為一個推銷員，遇到這種情況，該怎麼辦呢？

眞正稱職且高明的推銷員，不應「退避三舍」，而應「迎難而上」，這種時候，巧妙設問的技巧，就成了掌握成敗的關鍵。

提問，可以消除雙方的強迫感，緩和商談氣氛，並藉以摸清對方的底牌，也讓對方了解「我」的想法。除此之外，還可以確定推銷進行的程度，了解顧客的障礙所在，尋找最適合的應對措施，反駁並澄清歧見。

提問無疑是推銷應對中最有力的手段，一定要熟練掌握、運用。

當我們聽到「不要」、「今天不買」、「再說吧」等推託詞，便應使用「問」的技術，找出隱藏在拒絕之後的眞正因素。

通常，推銷會遭到拒絕，探究顧客的想法，多不脫以下幾種原因：

1. 時機不理想。
2. 價格超出了預算，無力負擔。
3. 不喜歡推銷員的表現。
4. 素來就對這個品牌或製造商沒有好感。
5. 已經訂購了性質、功能相同或類似的產品。

6.真正無意購買。

拒絕並非完全無法「擊破」，針對以上幾種情形，分別可以透過以下方式設問，以求了解實際情形：

1.您是不是認為目前沒有必要買？

2.價錢方面是否滿意？

3.關於我的說明，有沒有不清楚、需要進一步了解的地方？

4.您認為這種款式如何？

5.您是否已經向其他公司訂購了呢？

6.對這個商品，您不感到興趣嗎？

如果遇到顧客直接拒絕推銷，而且態度堅決，不妨針對提出的反對意見，採取直接詢問來突破困境，先了解眞實想法，再求對症下藥。

顧客：「實在太貴了！」

推銷員：「那麼，您認爲怎樣的價格較合理呢？」

一旦顧客講出自己所認定的合理價錢，就要馬上從專業的角度進行澄清，例如由產品功能、品質及售後服務切入，強調定價的合理性，說服對方接受。

此時，大可繼續運用設問法，達到「誘導」功效，例如可以說：

「的確，兩萬元不是筆小數目，可是這種產品的平均壽命都在十年以上，如此平均下來，只要一天省下少部分錢就可以了，不至於造成沉重負擔。」

「您所考慮的是價錢問題吧？不過換個角度想，一分錢一分貨，不是嗎？此外，既然是好東西，就值得早一步投資購入，早一點享受。優惠是有時限的，一旦錯過，以後想要再碰到就不容易了。相信我，這絕對划算。」

問的方式有很多，無論是單純的疑問或者別有深意的反問、激問，都是推銷時的好幫手，能協助你釐清顧客的想法，找出導致推銷困難的問題所在。如此一來，再透過言語對症下藥，效果當然更好。

講究說話態度，才能打動客戶

說話不僅是在交流資訊，同時也是在交流感情。抱著執行例行公事的態度，說出來的話是沒有情感的，除非打從心底說出口，否則不可能打動顧客。

服務用語是推銷工作的基本，怎樣使每一句服務用語都發揮最佳效果，就得看推銷員講話的藝術性。

服務用語不能一概而論，應該根據推銷性工作內容的服務要求和特點，靈活地掌握。

推銷中常用的基本用語很多，這裡列舉數例：

1. 迎客時說「歡迎」、「歡迎您的光臨」、「您好」。

2.對他人表示感謝時說「謝謝」、「謝謝您」、「謝謝您的幫助」。

3.接受顧客的吩咐時說「明白了」、「清楚了，請您放心」。

4.不能立即接待時說「請稍候」、「麻煩您等一下」、「馬上就來」。

5.對在等候的顧客說「讓您久等了」、「對不起，讓您們等候多時了」。

6.打擾或給顧客帶來麻煩時說「抱歉」、「實在對不起」、「打擾您了」、「給您添麻煩了」。

7.由於失誤表示歉意時說「很抱歉」、「實在很抱歉」。

8.當顧客向你致謝時說「請別客氣」、「不用客氣」、「很高興為您服務」、「這是我應該做的」等。

9.當顧客向你致歉時說「沒有什麼」、「沒關係」、「算不了什麼」。

10.聽不清楚顧客問話時說「對不起，請您重複一遍好嗎」。

11.送客時說「再見，一路平安」、「再見，歡迎您下次再來」。

12.當要打斷顧客的談話時說「對不起，我可以佔用一下您的時間嗎」、「對不起，耽擱您的時間了」。

在推銷接待過程中，使用禮貌用語應做到自覺、主動、熱情、自然和熟練。把「請」、「您好」、「謝謝」、「對不起」等最基本禮貌用語與其他服務用語密切結合起來，加以運用，將會使進展更順利。

推銷員該如何正確使用禮貌服務用語？

歸納起來，大致有以下幾點，值得我們在運用中特別注意：

1. 注意儀態。

每一個推銷員都應注意說話時的儀態。與顧客對話時，首先要面帶微笑地傾聽，並透過關注的目光進行感情的交流，或透過點頭和簡短的提問、插話，表示你對談話的注意和興趣。

為表示對顧客的尊重，一般應站立說話。

2. 注意選擇詞語。

在表達同一種意思時，由於選擇詞語的不同，有時會有幾種說法，由於方式不同，往往會給顧客不同的感受，產生不同的效果。

例如，「請往那邊走」使顧客聽起來覺得有禮貌，如把「請」字省去了，變成「往那邊走」，在語氣上就顯得生硬，變成命令，這樣會使顧客聽起來感到刺耳，難以接受。

另外，在服務中，要注意選擇客氣的用語，如以「用飯」代替「要飯」，用「幾位」代替「幾個人」，用「貴姓」代替「您姓什麼」，用「去洗手間」代替「去大小便」，用「不新鮮，有異味」代替「發霉」、「發臭」，用「讓您破費了」代替「按規定要罰款」等等。

這樣，會使人聽起來感到文雅，免去粗俗感。

3.注意語言簡練。

在推銷過程中，與顧客談話的時間不宜過長，因此需要用簡練的語言進行交談。交談中，推銷員如果能簡要地重複重要內容，不僅表示對話題的專注，也使對話的重點得到強調，使意思更明白，減少誤會。

4.注意語言音調和語速。

說話不僅是在交流資訊，同時也是在交流感情。

複雜的情感往往透過不同的語調和速度表現出來，如明快、爽朗的語調會使人感到大方的氣質和親切友好的感情；聲音尖銳刺耳或說話速度過急，使人感到急躁、不耐煩的情緒；有氣無力，拖著長長的調子，則會給人矯揉造作或虛弱之感。

因此，與顧客談話時，掌握好音調和節奏是十分重要的，應該透過婉轉柔和的語調，創造和諧的氣氛和語言環境。

基本服務用語是推銷服務人員的基本功，抱著執行例行公事的態度，說出來的話是沒有情感的，除非打從心底說出口，否則不可能打動顧客。

善用電話，對客戶說些好聽話

在顧客喜歡的時間，用他們喜歡的方式，說些好聽的話，才能夠如願收到打動人心的效果，為自己的成功鋪路。

一位優秀的推銷員或業務員，每達成一筆交易，都應該明確向客戶表示自己的謝意，而且最好不只一次，要透過不同的媒介進行。目的很簡單，就在使客戶感到高興，進而爲下一次生意打下根基。

最常見的致謝方式是感謝郵件，撰寫方式可以參考下列範例：「某某先生小姐您好，感謝您選擇了我們的產品。以後若有任何疑問或者有什麼需要我爲您服務的，請隨時以電話告知，我一定全力以赴。再次地感謝您，祝您愉快。」

另外，做成一筆生意後，不僅業務人員本人該打個電話感謝，還可以視交易內容重要性，彈性決定是否該請老闆親自表達感激。

曾有不止一位企業家表示道：「每當接到提供服務的業務員或公司老闆打來的感謝電話或簡訊，我總是非常感動。當然，我也會因此更願意與那家公司繼續合作。不為什麼，就因為這樣的話人人愛聽啊！」

美國一家家電用品公司總裁萊里．哈托，在這一方面的表現便非常出色。他會親自撥電話給每一位重要客戶，向他們說：「您好，我是某某公司的總裁，非常感謝您願意與我們進行生意合作。您絕對是敝公司最重要的客戶之一，若是對服務或產品有任何意見，或有問題需要討論，都歡迎隨時打電話給我。」

萊里．哈托甚至會直接告訴客戶自己的電話號碼，表明歡迎聯繫。

你可能不相信或不認為一位總裁的電話可以產生多大影響，因為從來不曾接過類似的電話，但可絕對別小看了言語和身分相輔相成後，可以產生的威力。想像一下，若今天你身為消費者，接到一位總裁親自打來的電話，內容先是感謝，而後又殷切詢問是否對產品或服務感到滿意，那種窩心的感覺，絕對足以給人極好的印象。

展開言語溫情攻勢前，別忘了詢問客戶究竟喜歡什麼樣的聯繫方式，是電子郵件、訊息，還是電話呢？同時你還要愼選恰當的時間，如果可以，儘可能避開清晨、深夜、上下班時間，避免造成困擾。

每一位客戶的個性都是獨特的，有差別的，所以在表示感謝之前，最好先了解對方喜歡的聯繫方式和時間，以免產生反效果。唯有在客戶感到方便的時候，按照他們喜歡的方式進行聯繫，才會讓他們以愉悅的心情和友善的態度接受你的善意。

如此，才能夠如願收到打動人心的效果，爲自己的成功鋪路。

做不成生意，也要心存謝意

現實社會中，絕對能用正確方式將成功奪到手。用誠懇的態度對客戶說好聽的、他們會感動的話，你就會成功。

無論是基層業務員，或者高層的領導者，想成爲優秀商人，不僅要感謝現在購買產品或服務的人，還應當同樣感謝那些沒有購買的人。

每個人都是値得感謝的，不是嗎？應該感謝他撥出時間與你見面，感謝他接聽你的電話，感謝他聽你的產品介紹。此外，感謝他們讓你知道了不買某樣產品的原因，讓你看出自己與別人的差距在哪裡。

做不成生意，也要心存謝意。寄封感謝郵件給選擇不跟你買東西的人，可以的話，儘量跟他們保持聯絡。

別以為這些都是白費工夫，要知道，跟那些潛在客戶做成生意的競爭對手，服務很可能沒有這麼周到。過了一段時間之後，若是競爭對手轉行或表現不佳，你便能成為最具希望的替補人選，接手這一門生意。

這一切，都是言語溝通所達到的妙用。

頂尖的銷售訓練大師湯姆．霍普金斯始終保持一個習慣，就是隨身攜帶大小約等同一張相片的謝卡，平均每天要寄出五到十封的感謝函，給不願意參加他所舉辦研討會的人、拒絕投資錄音帶訓練課程的企業主，以及其他人。

想想，以一天寄出十封感謝函計算，一年就等於要寄出三千六百五十封，十年呢？就是三萬六千五百封了，多麼驚人的數字啊！

對此，他深感得意地說：「每寄出一百封感謝函，平均能做成十筆生意。也就是說，每一百名潛在客戶，在接受我誠摯感謝的情況下，有十位會改變心意，成為忠誠的會員。可以想像一下，連續將這項技巧運用一整年，最少可以為自己增加多

少收入？它足以讓你成爲眞正的商場贏家。」

「根本不用耗上多少力氣，你只需要提起筆，花大約三分鐘時間寫下一些發自內心感謝的話，然後貼上一張郵票，寄出去。從今天開始做，因爲結果不會馬上就顯現，而是於不知不覺中爲自己奠下深厚根基。」

湯姆·霍普金斯不僅是全美第一的銷售訓練大師，更是世界房地產銷售紀錄保持者，他的事業成功來自於不斷開發新客戶，以及有效吸引舊客戶回頭。他說：「你所見到的每一個人都有可能成為自己的客戶，帶來源源不絕的財富，關鍵在於究竟該如何爭取。」

現實社會中，很少有一蹴可幾的成就，但絕對能用正確方式將成功奪到手。用誠懇的態度對客戶說好聽的、他們會感動的話，你就會成功。

輯6.

只要方法正確，就能有效取悅

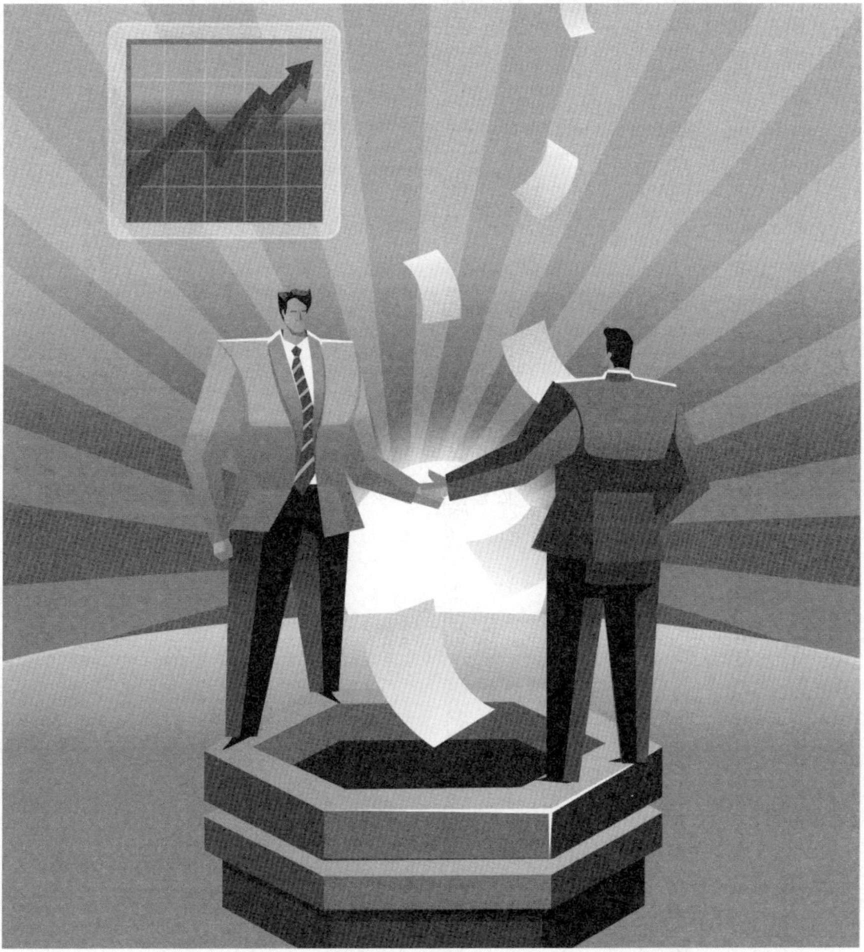

只要方法正確，大部分的顧客很容易感到愉悅。
請先讓禮貌成為你的外貌，
再使用適當的說話方式，面對每個不一樣的人。

用誠懇道歉化解顧客的抱怨

化解顧客抱怨的不二法門，就在於用最快的速度表達歉意，聆聽顧客需求，並做出迅速確實的反應。

你是否發現了一個現象？抱怨，不僅是顧客的專利，同時也是顧客的愛好，即使你已經將服務做得非常好，仍不可能完全避免。

既然如此，就應該學習用正面、積極的態度看待，並嘗試用較好的言談與態度加以化解。

其實，聽到顧客抱怨是件好事，因為換個角度想，它其實表示了顧客願意跟你來往，讓你理解他們的想法，當然，也就極有可能繼續跟你做生意。

你也可以藉由聆聽顧客的抱怨來改善自己的產品或服務品質，提升競爭力，從

而贏得更大的市場。

許多人不知道，事實上，不抱怨的顧客才是眞正的「隱患」。

據美國一家知名研究機構的調查，遭受到不滿意的服務，有九十六%的顧客不會當場提出抱怨，但這代表諒解或不在意嗎？當然不是。他們會換個方式，把自己的不愉快經歷告訴其他所有的人。

世界一流的銷售訓練師湯姆·霍普金斯說過：「顧客的抱怨，是登上銷售成功的階梯。它是銷售流程中極為重要的一個環節，而你的回應方式，則將直接決定結果的成敗。」

必須學習能夠有效處理顧客抱怨的正確話術，以下，是一些技巧策略與範例的提供：

•範例一

顧客：「你們的產品品質太差了，根本就不能用！」

售貨員：「先生，眞的非常抱歉，可以請您告訴我是碰上了什麼樣的狀況嗎？讓我看看該如何彌補您的損失。」

● 範例二

顧客：「你們的辦事效率太差了！」

業務員：「眞的很抱歉，您的心情我非常了解。感謝您的提醒，這種事情不會再發生了，我們一定會徹底改進。」

● 範例三

顧客：「你們的價格也未免太高了吧！」

店員：「一開始我也跟您一樣，覺得價格太高了，可是在我自己使用過之後，就發覺到價值所在。這個定價是很值得的，一分錢一分貨，請您相信，買了之後絕對不會後悔。」

• 範例四

顧客：「你們的客服電話總是沒人接，叫我怎麼相信你！」

業務員：「對不起，實在非常抱歉，我想可能是正好碰上什麼事情，或者因爲已經是下班時間。以後有任何需要，您可以直接打手機跟我連絡，我一定會用最快的速度幫您解決。至於這件事情，我也會向公司反應的，謝謝您。」

看完以上範例，相信你應了解到表達歉意，理解原因，進一步找出補救方法，便是化解抱怨的不二法門。

成功化解顧客的抱怨，就等於爭取到一筆更穩固、更寶貴的生意，價值無可比擬。所以，你必須用最快的速度向顧客表達歉意，聆聽顧客需求，並做出迅速確實的改進。

面對不滿甚至憤怒的顧客，誠懇的道歉就是最好的話語。

善用誘導讓顧客掏出腰包

採用誘導式的說話方式，目的就在於讓顧客不感到壓力與排斥，在根本不自覺的情況下，乖乖掏出腰包，將鈔票送到商家的手上。

一般而言，推銷員推銷商品的過程，只有一段短短的時間。在可能不過數分鐘的時間裡，你說出的話若能留住顧客並打動他的心，生意就算成交；留不住，買賣自然也就吹了，什麼都不用再談下去。

此外，在市場競爭中，該如何突出自己，把顧客吸引到身邊？答案很簡單，就是與眾不同的鮮明語言。一切的一切，都在要求推銷人員以具強烈誘惑性和渲染色彩的方式對顧客說話。

試著學習從言語中抓出重點，是提升說話技巧的好方法。

你可曾注意過？在大清早的市場上，魚販子的喊叫最初可能是「來買活魚，全都是新鮮的喔」，並設法極力突出「新鮮」二個字。但是，到了下午，眼看即將收攤，則可能變成「快來買呀！別地方沒有的便宜價錢唷」，此時，則在突出便宜這個重點。

推銷過程中，採取「誘」的技巧方式有很多，基本說來，可分爲「層層誘導」和「定向誘導」兩種。

●層層誘導

層層誘導，是指業務員根據顧客的購買心理，掌握推銷導向，不斷誘惑人的一種發話技巧。

無論是選擇逛商店、看電影，很多時候往往是因爲情緒的驅使，而非一定基於什麼特別的購買目的。當這一類的潛在消費者上門，最好適時送上一句：「歡迎看看喔！不買也沒有關係。」

邊這樣說，邊拿出商品展示，引發更進一步了解的興趣。

然後，當顧客開始試穿或試用的時候，一定得再補上幾句得體的誇獎，諸如：「這顏色多適合您啊！襯得氣色非常好。」

從心理學的角度來看，人都喜歡接受他人的尊重與讚揚，推銷過程中，適時的奉承可以使顧客感到滿足。這時，伺機告知價格，並表示正有優惠活動，將可望激起購買慾望。

若是順利成交，別忘了再說上一句：「您眞有眼力，很識貨啊！」

層層誘導的發話藝術，必須遵循一個原則——不讓對方感受壓力，輕輕地、一層一層地推動，誘入推銷導向，促使完成購買行動。

●定向誘導

定向誘導，是指店員有目的地誘導顧客，以做出定向回答的技巧。

例如，有一家專賣漢堡的早餐店，因爲生意很好，特別雇用了兩名店員。其中一人在接待顧客時，會問：「請問您要不要加雞蛋？」

另一人則不同，他會問：「請問您要加一個蛋，還是兩個蛋？」問話的方式不同，造成的結果就會完全不同。哪一個店員能賣出較多的蛋，達到較高的銷售成績呢？答案幾乎不言可喻。

第二種發話方式，就屬於標準的「定向誘導」。「要不要加雞蛋」這一句話充滿了不確定性，而「加一個還是加兩個蛋」正好相反，有非常明確的定向，可以有效誘導顧客，提高擴大銷售的目的。

說話要看對象，當然也要看情況。

採用誘導式的說話方式，目的就在於讓顧客不感到壓力與排斥，在根本不自覺的情況下，乖乖掏出腰包，將鈔票送到商家的手上。

誘導用得巧，生意自然更好

假若你是推銷員，能不能熟練地運用「誘」的技巧，達成目標？如果沒有把握，請從現在開始揣摩，並訓練自己。

讓顧客不知不覺、心甘情願地購物，正是誘導技巧的高明處。

日本豐田汽車公司旗下的一名推銷員，在美國底特律汽車市場，面對一群徘徊猶豫的顧客，是這樣說的：「現在油價居高不下，買轎車當然不怎麼合算。說老實話，我上個月才爲此買了一輛自行車，打算以後靠騎車上下班，省下那一筆嚇人的油錢開支。」

「買車之後的第二天，我便興沖沖地跨上它，往辦公室出發。沒想到路程竟然比想像遙遠許多，花上整整兩個小時才到公司！我的天哪！一進辦公室，我就癱在桌前，根本沒有力氣走動。」

「熬到下班，又是一場折磨的開始。全身骨架已經跟散了一樣，拖著沉重的腳步走到門口，才想起還得要頂著風騎車回家去。那個當下，我傷心得簡直想要大哭一場。」

「於是，我明白了一個眞理——無論如何，一台代步的轎車都絕不能少。既然如此，那就買省油的車吧！本公司的車向來以省油出名，而且價格便宜，絕對是最實惠的選擇。」

一席話說得顧客紛紛稱道，銷路由此大增。

又例如，某一天，一位客人來到一家繡品商店，想要爲新婚的好友購買一床繡花被面作爲贈禮。

對著店內五彩繽紛的繡花被面看了半天後，他終於挑中其中一床繡有一對白頭翁的被面，但再仔細一瞧，又顯得有點猶豫，自言自語說：「這一對鳥很漂亮，但就是嘴巴太長了一點，感覺像是夫妻吵嘴，不太適合。」

店員聽到後，立刻笑瞇瞇地說：「您看見了嗎？這兩隻鳥的頭頂是白的，象徵夫妻白頭偕老。嘴巴之所以伸得長，是因爲牠們在說悄悄話，相親相愛的表示，很喜氣的。」

這位顧客一聽，頓時放下心中的石頭，連連點頭說道：「有道理，有道理！」高高興興地掏錢買下了這床繡花被面。

汽車推銷員用自己的切身經歷誘導顧客，具有很強的渲染力，難怪大家願意當買轎車的「傻瓜」。一床繡花被面，顧客愛不釋手，但對構圖心存疑慮，店員適時進行定向誘導，扭轉顧客心中的既定認知，自然說得對方點頭稱是。

以上兩個故事，都是「把話說到對方心坎裡」的最好例證，聽來雖然再簡單不過，卻含有相當的技巧。

假若你是推銷員，能不能熟練地運用「誘」的技巧，達成目標？

如果沒有把握，請從現在開始揣摩，並訓練自己。

運用對比，增強自己的說服力

任何一種商品都有優點，自然也免不了有弱點，因此，在採用對比手法推銷自家商品時，首先要注意以事實為依據。

俗話說「不怕貨比貨，就怕不識貨」，套用在商業交易上，展開推銷的時候，除了說明，不妨再用同類產品或假冒的偽劣產品進行對比，讓客戶在過程中感受到差別，再以言語推波助瀾，絕對可有效增加說服力。

一名顧客向售貨員說：「你們的產品實在太貴了。」

推銷員一聽，笑著搖頭：「不會的，一點也不貴。您看，這是維修中心的統計表，我們所售出的產品，維修次數不過只有同類產品的十分之一。因此，絕對有一定的水準保證，非常值得。」

三言兩語便化解了疑慮，同時進一步肯定自家產品的品質，非常高明。

善用「比」的推銷術，特別能夠突顯差距，使顧客看清購買後可能得到的利益，增加對推銷員本身以及品牌的信任感。

以下這一段對話可供參考：

「這價格太貴了！」

「怎麼會呢？那您認為如何定價比較合理？」

「我有看到同樣的東西，才賣一千四百元呢！」

「請問是哪一家的產品？」

「就是最近剛上市的某某牌。」

「唉！您知道那個牌子為什麼可以只賣一千四百元嗎？我告訴您吧！與我們的產品相比，他們無論是功能、品質，甚至是售後服務，都完全不如。一分錢一分貨，之所以能夠把價錢壓低，當然是因為……」

任何一種商品都有優點，自然也免不了有弱點，因此，在採用對比手法推銷自家商品時，首先要注意以事實爲依據，千萬避免言過其實，否則萬一謊話被揭穿，場面將非常難堪。

其次，對於同類商品的弱點，未必需要直接攻擊，也可以改由另一個角度進行解說，力求能既符合事實，又掌握分寸。如此，將可望成功達到把商品推銷出去的最終目的。

連說帶演，效果更明顯

推銷商品時，先讓顧客們盡情嘗試，再以動聽的言語打動，是征服不安和懷疑心理的妙招。

有的問題，僅憑三寸不爛之舌還是難以說明白，這時候，就該採用實物、圖片、模型加以說明示範，以求充分展現商品魅力。生動的演示配上動人的言語，將使推銷更具吸引力和說服力。

一位推銷員走進客戶的辦公室，打過招呼以後，指著一塊沾滿污垢的玻璃，有禮貌地說：「請允許我用帶來的清潔劑擦一下。」

結果，由於毫不費力便把玻璃擦乾淨，立即引起了客戶的興趣，一筆生意自然

手到擒來。

一個推銷員是這樣演示自己所推銷的產品：

「太太，請您注意聽一聽。」他一面說，一面掏出打火機點火。

「能聽到打火機的聲音嗎？聽不清吧！這台的縫紉機發出的聲響，就和這個打火機的聲音一樣大。所以，您根本無須擔心，我們公司所生產的縫紉機，無論品質或功能都堪稱獨一無二。」

以打火機點火時的聲音比喻，說明自家縫紉機聲音極小的優點，從而吸引顧客點頭購買，是生動且高明的招數。

某公關諮詢公司的章先生，到傢俱商場去推銷一項計劃，一張口就吃了「閉門羹」，經理直接拒絕了邀請。儘管尷尬，章先生卻只是笑笑說：「沒關係，那我就當您的顧客，走走逛逛吧！」

經理不能不表示歡迎，於是帶著他四處參觀。看過所有商品之後，章先生指著一張進口床，詢問銷路如何。經理歎道：「不怎麼樣，可能因爲是新品牌吧！顧客最開始總是不太敢下手訂購。」

章先生一聽，立刻出了個「點子」：在樓梯口放一張床，再豎立告示牌，上面寫著「踩斷一根簧，送您一張床」。

經理也覺得很有趣，便高興地照辦了。

結果，顧客進店先踩床便成爲該商場最特別的「銷售即景」，人們聞訊而至，爭相蹦踏，笑聲不息，效果可想而知。

幾天之後，經理主動宴請章先生，表示願意加入公關計劃。

美國化妝品女王艾絲蒂，一九六〇年代致力於擴展歐洲市場，卻總是不斷被那些高級商店拒絕，相當不順利。

一天，她來到巴黎拉德埃百貨公司門口，正好遇到下班時間，購物的人潮摩肩接踵。眼見機不可失，她當即狠下心來，把隨身攜帶十多瓶「青春的潮氣」香水全部倒在地板上。

很快，百貨公司內便香味撲鼻，芬芳四溢，許多顧客都被吸引過來，艾絲蒂趁機以三吋不爛之舌展開介紹，大肆宣傳。

她的舉動引起了人群中一位記者的注意，便在第二天的報紙上寫了一篇專門報導。從此，艾絲蒂的香水在巴黎名聲震響，一路暢銷。

透過這些例子，我們可以歸納出一個結論：推銷商品時，先讓顧客們盡情嘗試，再以動聽的言語打動，是征服不安與懷疑心理的妙招。

只要方法正確，就能有效取悅

只要方法正確，大部分的顧客很容易感到愉悅。請先讓禮貌成為你的外貌，再使用適當的說話方式，面對每個不一樣的人。

一個推銷員不但要有良好的專業知能，而且還必須掌握幾種絕招，才能在商場上遊刃有餘。

以下有四項絕招，強大的潛在效果往往被忽略，可是一旦做到了，甚至成爲習慣，效果便相當驚人。雖然一時可能得不到明顯的回饋，累積個幾次，良好的效應便會在客戶心中滋長。

- 微笑

在顧客面前，流露出自然而甜美的微笑，不僅給人親近、友善、和悅的感覺，也讓人在心中留下美好難忘的第一印象。留下美好的第一印象，就是踏出成功的第一步。

微笑的技巧是要掌握分寸，淡淡一笑，眞誠的態度，微微地點頭，既不能做作，也不應過分，出自內心的笑容才是自然的。

一次完美的微笑，可以讓對方感到親切，進而產生好感，下一步的銷售活動就可順利地進行了。

●傾聽

傾聽是對發言人的尊重與禮貌，對談話內容有興趣，同時表示聽話人的誠意。傾聽對發言人來說，使他滿足了發表欲；對一個心中有苦悶的人來說，不僅發洩了積怨，進而會將對方看作「知己」。

傾聽，對於一位不滿的顧客更是重要，推銷員必須誠意地傾聽，才能使顧客心悅誠服，化抱怨爲祥和。

傾聽的技巧如下：

1.眼睛要注視對方，眼睛除能看物外，還會產生感情，用這種感情與顧客互相交流，效果最好。

2.臉部要表示出誠意與興趣，無論對方談話內容如何，必須真誠、有興趣地聽下去，使對方引為知己。

3.對方未說完話不可中途打斷，就算有意見或疑問，也別在對方尚未說完時插嘴，這是最不禮貌且易惹人反感的。

●讚美

到一個陌生的環境中，可以環顧四周，然後適當地加以讚美，例如「哦！您的房間真乾淨、清爽」、「您家的擺設淡雅舒心」、「實在富麗堂皇」、「非常古香古色、幽雅大方」等等。

讚美必須由遠而近，從物到人，由衷地發自內心，不能強裝、做作，更不能阿腴奉承。

成功推銷員的共同特點，就是引起顧客的好感，接下去什麼事都好商量。

•多說「請」和「謝謝」

不管感謝任何人所做的任何事，都會讓客戶的自我肯定度上升，你會讓他覺得自己更有價值也更重要。

同時，自己也會得到好處。每次你向客戶表達感謝時，你的自我肯定度也會隨之提升，你會覺得更加快樂、覺得更有自信及勇氣，會覺得做事更有效率和效果，對自己的成功更有把握。

一定要養成隨時隨地感謝他人所做所爲的習慣，對客戶的禮貌一定要眞誠。你是否有禮貌，別人一清二楚，你不僅要對客戶有禮貌，多說「請」或「謝謝」，同時也要對客戶公司上下每個人都保持禮貌。這種舉止行爲，讓客戶在公司同事面前覺得有面子，客戶會很高興你這樣做。

或許，過分的禮貌會讓你覺得自己像是個小學生，或許看起來有些老套，而且顧客也未必像你一樣有禮貌，但是你要了解，禮貌本來就不是顧客的職責。有句俗話說「禮多人不怪」，需牢記在心。

「請」和「謝謝」是與顧客建立密切關係以及提高顧客忠誠度的有力言詞，這些話不僅容易說出口，也非常值得努力去說。

你與顧客的關係永遠要保持和諧、融洽，爲了創造互相愉悅的環境，多說「請」和「謝謝」，就是一種非常好的方法。

其實，顧客並不難取悅，只要方法正確，大部分的顧客很容易感到愉悅，只有極少數是徹底不可能被取悅。

人際交往的最高原則就是求同存異，每個人都有他的獨特之處和人格魅力，我們要學會欣賞每個人的不同之處，了解他們。

禮貌是最容易做到的第一步，請先讓禮貌成爲你的外貌，再使用適當的說話方式，面對每個不一樣的人。

一旦說出口，就要信守承諾

產品銷售，需要成功的廣告和宣傳手段，但最能打動人心、最受顧客歡迎，還是可靠、守信的態度和服務，真誠易感動人的言語。

作家惠特尼曾經如此寫道：「說好一句話，有時候比做好一件事更容易獲得別人的重視。」

這個說法同樣適用在商業場合。在注重自我行銷的商業社會裡，說話已經成爲專門藝術，說話的能力決定一個人擁有多少好運氣。

不過，千萬不要輕易許諾，因爲一旦許了諾言，便無論如何都要信守。必須在顧客心中留下遵守諾言的印象，這樣，自身的產品與服務才會受到注目。

信守諾言是一種美德，但有許多人對自己說過的話根本不在乎，不當一回事。

結果，當然因爲不負責任，在顧客心中留下極差的印象。

如果你說過要做某件事情，就一定得辦到，要是辦不到，或覺得可能得不償失，或根本不願意去做，就絕對不可以開口承諾。若是沒有把握，大可以找一些藉口來推辭，千萬不要說「我試試看」，要知道，說了試試看而又沒有做到，留給對方留下的印象絕對不可能有多好。

你的信用能否給予顧客良好印象？

你是否信守自己的諾言？你是否總太輕易許下承諾？

你値不値得他人委以重任？還是說，總忘掉別人委託之事？

當顧客打聽公司產品的相關資訊時，你傳達了多少錯誤消息？或者，顧客向你索取樣品，種種關於宣傳的簡介，你卻提供根本不實或過期的資料？

無論以上哪一種，都是非常要不得的行爲。

信守約定，聽來似乎簡單，眞正做起來卻相當困難，只要稍有疏忽，就可能無

法兌現。有時候，你可能自作聰明地認爲別人不需要你的服務，或抱有僥倖心理，認爲顧客一定能夠原諒自己犯下的疏失，種種心態都明白顯示了自身的投機、消極，只會讓人更加看不起。

這樣的態度，無論作爲領導者或者小店員，可能受到顧客信賴嗎？說出來的話，能夠打動他人嗎？非常值得懷疑。

和顧客面對面交談時，千萬別輕易許諾，而一旦許了諾，便絕對遵守。秉持這樣的態度，顧客就會被你打動，認爲你是一個守信者，從而產生信賴、依靠，相信並願意聆聽你說出的每一句話。如此，在生活中、在商場上，自然戰無不勝，攻無不克。

不論在任何場合，自身信用越好，就越能成功地將服務或產品推銷出去，從而開拓更多客源，累積更豐厚人脈。

所以，你必須重視自己說過的每一句話，講話算數的人總是比較容易在社會立足，而食言則是最不好的習慣。

不管你推銷什麼產品，不管你使用的推銷策略如何，都要對自己所說的話負責，藉行動說服顧客，讓他們親眼看到你的所做所爲全出於他們的利益。爲了遵守諾言，你必須暫時放棄自身利益，以誠實可信、值得尊重的面孔出現。

在推銷服務或產品時，你是否信守承諾？如果以前沒有，請從現在開始執行，你將發現自己的成績比以往更好。

產品銷售，需要成功的廣告和宣傳手段，但最能打動人心、最受顧客歡迎的，還是可靠、守信的態度和服務，以及眞誠易感動人的言語。

一肩承擔所有的風險

說出假話，或者做出有漏洞且不真誠的保證，可能帶給自己的傷害，絕對比不做任何保證更大。

要消除顧客購買之後可能擔負的心理或情緒風險，最好的方式，就是提供保證，你必須承擔客戶可能遭遇的所有風險。

萬一向顧客做了承諾或保證，最終又沒有實現，該怎麼辦呢？可以採行的策略有以下兩種：

1. 誠懇道歉，對不滿意之處予以補償。
2. 如果顧客要求退費，提供金錢上的加倍賠償。

有一位出版商，不僅主動向客戶提供不滿意就退費的服務，而且還願意替客戶訂閱競爭者的出版品。

之所以這樣做，是因爲他對自己有絕對信心，客戶接觸到其他人的服務後，非但不會轉移喜好，反而更體會到他的優點。如此一來，他自己和所有客戶都成了大贏家。

曾經有一位專門經營貓眼石的珠寶商，向顧客提供了一個極爲貼心的保證：任何一個向她購買寶石的人，不管將寶石帶到何處，甚至包括贈送給朋友，只要有不滿意，或者單純中途改變主意，一年之內，費用都可完全退還。放眼全國珠寶商，根本沒有人敢提出相同訴求，她自然大獲全勝。

也有一位知名的糖果製造商，在產品的包裝紙上印有「保證滿意」字樣，如果購買後感到不滿意，只要將包裝紙以及一張解釋爲何不滿意的說明寄還，就可以得到退款。此外，公司還會附上另一包不同口味的糖果。如果顧客仍舊不滿意，他們會再送一包，直到你明確表示不需要爲止。

還有一家生產美容化妝品的公司，給顧客的承諾如下：「如果您使用我們的產品，九十天內沒有看起來更年輕、更亮麗，皮膚更光滑、更有彈性，我們無條件退款。您對產品表現不滿意，我們就絕對不配拿您的錢，您更有權利要求我們在任何指定的時間內，將費用百分之百退還。」

毫無疑問，提出這樣大膽的訴求，需要以足夠的品質作爲保證。事實上，可以想見，這家美容化妝品公司的產品絕對有一流水準，以及非常效果。

任何事情都是互相的，如果你的產品或服務夠水準，顧客反應自然會跟著變好。你說出的話、提出的保證越堅定，能引發的期望值當然越高，也就會有越多人光顧。

但這不代表可以用謊言騙人，相反的，保證絕對必須眞誠，並且負責到底。切記，說出假話，或者做出有漏洞且不眞誠的保證，可能帶給自己的傷害，絕對比不做任何保證更大。

經驗就是最好的訓練

應適當地培養自己的口才，因為無論在任何一個領域，好口才都能夠帶來幫助，拓寬自己的路。

任何理論或策略，若不能和眞實生活結合，便沒有意義。同理，光是學習種種交談、推銷技巧還不夠，更要設法增加自己的「實戰經驗」。

就讀大學的李金安趁暑假前往親戚開設的服飾店工讀，便親身體驗了推銷的甘苦，得到不少寶貴經驗。

那一天，時間已近中午，店裡還沒有做成一筆生意。進來看看的人不少，就是沒有一個眞正表示興趣，停下來談價錢。

正當李金安發愁的時候，來了一位戴眼鏡、打扮樸實的男人。看神情，又是一位沒有「誠意」的顧客，但他不願死心，密切注意著對方的舉動。

突然，他發現男人的眼神在一件淺灰色夾克上停留了片刻。「先生您好，想要買嗎？」他馬上笑著問。

「啊！不，看看而已。」對方顯得有些緊張，連忙將「路」封死，似乎很怕會被店員纏上，硬是逼自己「一手交錢，一手交貨」。

「沒關係，不買不要緊。」李金安一邊露出不以爲意的表情，一邊伸手將衣服取下來說：「我取下來讓您仔細瞧瞧吧！就算是還要去逛別的商店，也可以有個比較。」

男人接過衣服，但只看了一眼，就低聲說：「顏色好像太淺了。」

「您的年紀也不過二十多歲吧？還是穿淺色的衣服比較好，因爲顏色若是太深，看上去容易顯得老氣橫秋，沒精神。」

對方陷入了沉默，過了一會兒，又表示不喜歡有拉鏈的外套，想要看看釘鈕扣的款式。可是正不巧所有釘鈕扣的夾克都賣出去了，連一件也沒有。

怎麼辦呢？難道就這樣讓機會溜走嗎？李金安突然靈機一動，將話題一轉：「看您的感覺，該是個公務員吧？」

對方笑了笑：「我是個國中老師。」

李金安馬上會意地點頭道：「難怪喜歡深色的衣服，是希望看起來比較沉穩、有精神嗎？不過太嚴肅未必好，眞正的感覺，還是要試穿之後才知道。要不要試試看呢？」

這一回，男人倒是沒說什麼，很乾脆的將衣服套上身，李金安見大有希望，感覺更有衝勁了。

「您看，多有精神！」他說：「說實話，我還是個學生。當學生的，都希望老師和自己的距離不要太遠，別總是高高在上，特別是國高中生，這種內心渴求更強烈。我認爲，老師們與其塑造威嚴，不如讓自己看起來年輕一些好。」

男人一邊脫下外套，一邊笑著問：「你眞會說話，在什麼學校讀書？」

一聊之下，彼此的距離又拉近不少。但就在李金安盤算著該如何提出價錢的時候，男人竟又說不買了，原來是外套的左胸配了一個小口袋，右邊卻沒有，且因爲

口袋顏色較淺，在不對稱的突顯下，看上去極像一塊補丁。

李金安聽了對方的理由，急中生智地說：「表面看來似乎是缺陷，但其實也可以用服裝設計的特色來解釋，端看站在什麼角度。大家都習慣了『對稱』，似乎什麼東西都要成雙成對，可其實單個的設計，也有不一樣的美感啊！」

「雖然我不贊同你的理論，但是必須承認，我非常佩服你的口才和態度。好吧！我買了。」男人不再爲難，如數付了錢，臨走之前，還半開玩笑地對李金安說：「好好訓練一下自己吧！事實上，你的潛力非常大。」

這是一次非常成功的推銷，透過態度和言語傳達出的魅力，解除了顧客心中的疑慮，改變原本的心意，做成一筆原先沒有太大希望的生意。

應適當地培養自己的口才，因爲無論在任何一個領域，好口才都能夠帶來幫助，拓寬自己的路。

而累積經驗，就是自我提升語言能力的最好訓練。

輯 7.

站在對方的角度，活用說話藝術

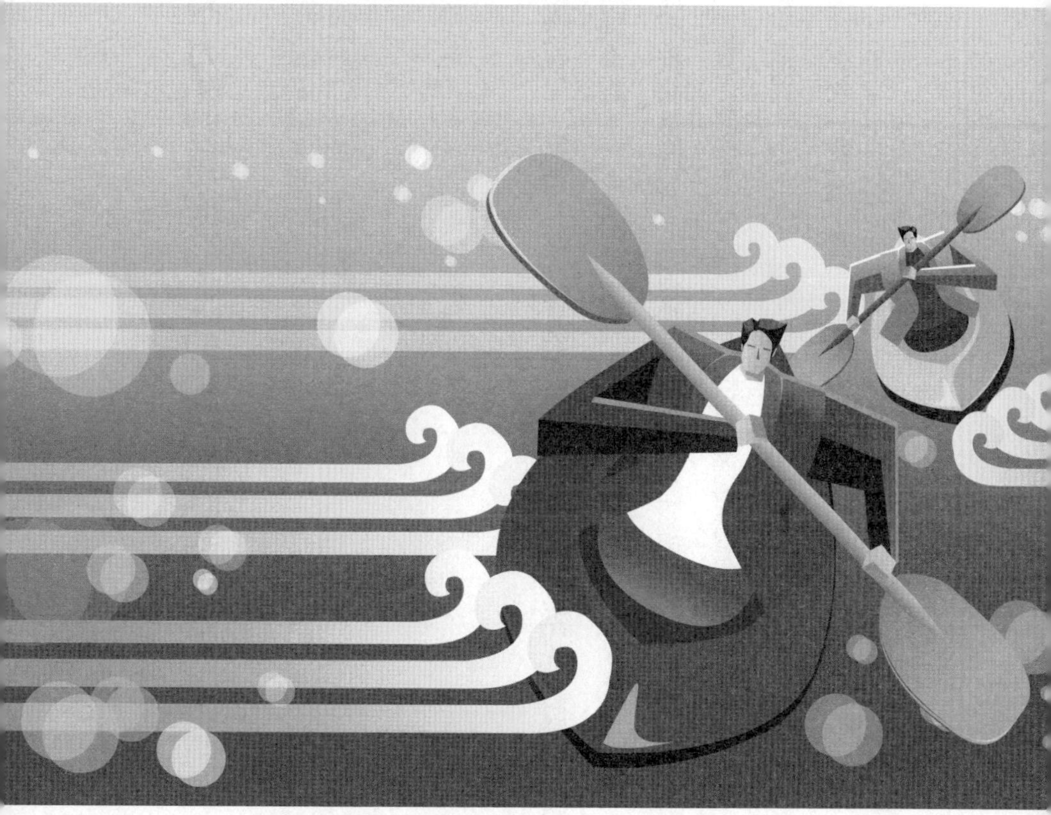

有些顧客確實無購買能力，

有些卻是想進行討價還價，

推銷員一定要仔細分析其真正原因，加以擊破！

站在對方的角度，活用說話藝術

有些顧客確實無購買能力，有些卻是想進行討價還價，推銷員一定要仔細分析其真正原因，加以擊破！

在推銷過程中，推銷員往往會聽到顧客說出這樣的話：「哎呀！這東西價格太高了，我們買不起。」

如果此時推銷員回答「不會啦！這怎麼會貴呢？就它的性能來說算是便宜的啦」，或「您覺得價格太高是嗎？我們可以商量看看，或許您可向銀行貸款，或利用分期付款來購買」……等言詞，絕對是最不理想的應對方法。

一股勁地訴說「費用不高」的理由，也是不明智的應對。

這時候，應該以如下的言詞來說服對方：

「您說得不錯，一下子要您拿出這麼大一筆錢來，的確是沉重的負擔，但是您想想看，這種東西不是用一、兩年就會壞的，只要使用方法正確，用個十年應該沒有問題。我們不要說十年，就以五年來算，則一年只要花一千兩百元，再除以十二個月，每月只需要一百元，換言之，每天只要三元而以。」

「老闆！您抽的是什麼牌子的香煙呢？這三元也不過是您每天抽一、兩支煙的錢，算起來很便宜不是嗎？如果您冬天也繼續做生意的話，那麼，不到一年就賺回本錢，接下來就是純利了。」

先贊同對方的說法，再將費用化整爲零，讓顧客感覺其實商品的價格並不貴。破除了這項疑慮後，再提出產品的優點，自然水到渠成。

以下的說法，也可以適時運用：

「先生，你別想得太嚴重，一天只花兩元，就好像買糖果、玩具那樣，或是用你抽根煙、喝喝咖啡的心情來買這個商品就行了。您也知道，現在喝一杯咖啡要花幾十元，假如稍微節省一下，就可買這商品了，一天只要花兩元。」

「花一點點的錢，就可以使你可愛的寶寶的腦細胞順利地發育，並且成爲聰明的孩子，以後考上好學校，非常値得啊！」

「假如您要到書店去找這類書籍，一定不知道應該買哪一本，才會對自己的孩子有幫助，所以買回家的都是一些普通書刊。因此，您更應該選擇這本經過很多教育專家花費好幾年的功夫才編出的《學習百科事典》，這對您的孩子會有很大的幫助。」

「家庭教育好壞，可能會使孩子成爲一個天才，也可能變成一個壞孩子。普通書刊與有關教育方面的書籍的性質是不一樣的，如果您要買的話，應該買由教育家經過研究而寫出來的好書，對於孩子們的身心成長以及課業方面才有幫助，您認爲呢？」

「請聽我說幾句話，反正半年後或者一年後總要買這本書，同樣是要買，那麼早一點買，對您的孩子而言更有利。相反的，如果以後絕對不買這種書，當然我就沒什麼話好說了。不過，如果今後一定要買，就請您早一點買，如此幫助必定更

大、更明顯。」

有時，顧客之所以認爲某種產品太貴了，就是因爲對價格產生了疑慮，它表現在顧客以資金困難或沒錢爲理由而設置的推銷障礙，可能是「我想要一件，可我現在沒有那麼多錢」、「分期付款可以考慮」、「如果能再便宜一點，我就買……」等等。

這種異議有眞實和虛假之分，有的顧客確實無購買能力，有的在以此進行討價還價，還有一些以此爲藉口拒絕推銷。

遇到財力異議的障礙，推銷員一定要仔細分析眞正原因，加以擊破！不能因爲「沒錢」就一下子洩了氣，想著：「唉，沒錢，不用再費口舌，算了吧！」從而輕而易舉地放棄推銷。

看看下面的例子：

「不好意思，我們目前沒有錢，等我有錢再買。」

雖被拒絕，但這位推銷員看到女主人懷裡抱著一隻名貴的狗，計上心來。

「您養的這小狗眞可愛，一看就知道是很名貴的品種。」

「是呀！」

「您一定在牠身上花了不少錢和精力吧！」

「沒錯。」女主人開始眉飛色舞地向推銷員介紹自己爲這條狗所投入的金錢和精力，且一臉得意。

「那當然，這不是一般階層能做到的，就像這化妝品，價錢比較貴，所以使用它的女士都是高收入、高社會地位的。」

一句話切入重點，說得女主人再也不能以沒錢爲藉口，反而非常高興地買下了一套化妝品。

商業上，進行說服的最終目的都在完成交易，但不能「強迫購買」，而要巧妙運用說話藝術，讓對方心甘情願成爲自己的客戶。

讓自己的話語，充滿吸引力

語言推銷固然重要，動作推銷也不可忽略。所以，語言推銷應和動作推銷互相搭配，配合對象和狀況調整。

生產的目的，就是要把產品銷售出去。

不同的商店，在不同的時間內，因爲選定的目標市場和銷售對象不同，需製造的形象和採取的活動也不同。

然而，任何成功的推銷，都離不開推銷語言藝術。

以下提供三點：

- **激發情趣**

客人來飯店消費，是爲了獲得物質和精神享受。服務員的推銷語言，一定要能夠引發情趣，才能達到促銷的目的。

如果服務員一問三不知，就無法引起客人消費的興趣，要是能透過平時的知識積累，採用有較濃藝術味的敘述，吸引客人，引發情趣，鼓勵了對方的消費慾望，以達到推銷的目的。

推銷必須具專業，富知識。如果一個餐廳服務員對餐飲部的有關狀況，本部門有哪幾類餐廳，當天廚房有哪些新菜式供應等都一無所知，或知之不詳不確，就很難做好服務工作。

一位朋友就說過這樣一段就餐經歷：他想換換口味，走進一家地方風味餐廳，服務員斟茶遞巾，非常熱情。

朋友開口問：「今天有什麼新菜？」

服務員指著菜譜：「我們提供的菜都寫在這上面了，您要點什麼？」

朋友聽了很失望，頓感興致全無，最後，只有隨便點了幾樣菜了事。因爲服務員失敗的推銷語言，使餐廳失去了一次很好的機會。

•刺激慾望

推銷語言一定要突出要點，這個「要點」就是最有吸引力的語言，它是商品的「重點」，能刺激客人消費的慾望。

如果一個服務員問客人：「您喜歡飲料嗎？」這個問題可能從客人那裡得到否定的回答。

與此相反的，服務員應該問：「我們有椰汁、芒果汁、雪碧和可口可樂，您喜歡哪一種？」

服務員的推銷語言，最重要一點，就是要把食品的「要點」指出來，以刺激顧客的食慾。

美國推銷大王惠勒有一句名言：「不要賣牛排，要賣鐵板燒。」這話是很能說明問題的。如果要想勾起顧客吃牛排的慾望，將牛排放在客人面前，固然有效，但最令人無法抗拒是煎牛排的「滋滋」聲，客人會想起牛排正躺在黑色的鐵板上，渾身冒油，香味四溢的情景，不由得嚥下口水。

「滋滋」的響聲就是服務員針對客人推銷的要點，它會眞正地引起客人對這食品的感情。

●揚長避短

因客人的喜與厭，採用揚長避短的推銷方法，也是語言藝術的要點。

某間餐廳曾經接待過一對來自香港的老夫婦，他們一坐下來就埋怨這埋怨那，服務員爲他們斟上茶後，老婦人語氣生硬地說：「我要龍井。」

而剛好當時餐廳沒有龍井茶，服務員就向她解釋道：「這是我們特地爲您準備的紅茶，餐前喝紅茶好，可以消食開胃，對老年人尤爲合適，而且價格不貴。如果您想喝龍井茶，隔壁商場有，您們吃完飯可以買一些回去。」

後來，老先生點菜時，老婦人又說道：「現在的蔬菜都太老了，我們要這幾個就行了。」

這時，服務員馬上順著她的意思說：「對！現在蔬菜都太老了，咬不動，我們餐廳有炸得很軟的油燜茄子，菜單上沒有，是今天的時新菜餚，您們運氣眞好，嚐

一嚐吧！」

老婦一聽動心，於是菜單上多了一道原本沒有的菜餚。

語言推銷固然重要，動作推銷也不可忽略。餐廳食品的擺設和烹調表演在一定程度上影響著客人的購買行爲，影響客人對品質和價值的看法，更影響客人的食欲，最終決定了銷售額。

所以，語言推銷應和動作推銷互相搭配，配合對象和狀況調整，這樣才能贏得新客源及更多回頭客。

掌握時效，讓話語發揮最大功效

推銷員能用的時間是很短的，所以更要在幾秒內，讓每一句話發揮功效，配合推銷動作，吸引、刺激購買欲，把陌生人變成顧客。

要接近顧客，你的開場白十分重要，推銷員的開場白會立即造成第一印象，不論好壞，都可能直接決定這筆銷售的命運。好的開場白加上推銷動作，將有助提升你的銷售業績。

你可以使用以下八種方法接近顧客：

● **喚起顧客注意**

推銷員接近顧客的目的，是喚起注意，使顧客的注意力轉向推銷員的介紹。心

理學家發現，推銷介紹前十秒鐘裡所獲得的注意，比之後十分鐘內獲得的注意還要更多。因此，推銷員應該說好第一句話。

對推銷人員來說，怎樣說好第一句話尤爲重要。第一句話就應該把顧客的注意力吸引過來，作用如同廣告中一條醒目的標題一樣。

一般情況下，最好能直接切入正題，如一位上門推銷空調的推銷員，見到顧客一開門，立即問：「您的空調好用嗎？」

不管顧客回答說還沒裝，還是說不太好使用，推銷員都可順勢把自己的產品推薦出去。

但許多場合下，開頭不可避免地要進行一次自我介紹和熱情問候。如果是熟人就更難，不能每次都自我介紹，又不能每次都是同一套。所以，語調應生動、親切、簡練，熱情而不誇張，新鮮而不老套。

常用的客套話，有以下幾種：

1. 稱讚顧客。

稱讚顧客或獻殷勤，是喚起注意的最有效方法之一。

作爲推銷員，應該對顧客彬彬有禮，說幾句讚美之詞並不失身份，而且對推銷大有助益。

讚美的方式很多，從顧客的服飾，年齡，身體健康，辦公室的佈置等等。只要留心，可讚美的對象數不勝數。

切記，讚美要看狀況與對象，掌握火候、把握分寸，過度的言詞可能給人油嘴滑舌的不良印象。

2. 談新聞。

新近發生的重大事件往往是人們關注的焦點。談新聞不僅能很快喚起顧客的注意和興奮，而且處理、聯繫得好，更能直接過渡到正題的切入點。

除此之外，可談的新聞還很多，如國內外政治、經濟最新動態，最新的商品，重大體育賽事等等。

3.提建議。

如果知道客戶正面臨什麼難題，而在解決難題上又有忠告可提，那麼推銷人員應抓住時機提出建議，引起對方注意。例如，批發商可憑藉專業知識和資訊靈通的特長，向零售顧客提出有用的建議，包括某些商品銷售前景的預測，陳列設計，店內佈置，廣告宣傳等等，都很有效。

•介紹接近法

這種方法，是推銷人員透過自我介紹或他人介紹來接近顧客。

自我介紹，主要可藉口頭介紹、身份證件與名片來達到接近顧客的目的。他人介紹，是借助與顧客關係密切的第三者的介紹來達到接近目的，形式有信函介紹，電話介紹或當面介紹。

介紹接近法的作用，主要在於推銷人員向顧客介紹自己的身份，以求得對方的了解和信任，消除戒心，爲推銷創造舒適的氣氛。

有一種較另類的自我介紹開場白：「我叫某某某，雖然說你並不認識我……」，這種介紹法幽默而直接，但在使用時要小心，如果對方看起來個性開朗，可以使用這種方法；如果對方看似內向，這種方法可能會嚇到他。

所以要因人而異，使用不同的說話方法。

●尋求幫助法

人性本善，推銷員可以喚起對方的助人之心，請求幫助，接著再開始眞正打算進行的話題，這類的開場白有「您能不能幫我……」、「我需要您幫我一些忙……」等等。

用這種方法，記得態度要親切溫和，口氣放軟，千萬不要明明是找人幫忙，卻搭配上強勢的口氣，那當然達不到目的。

●產品接近法

推銷人員直接利用推銷品引起顧客的注意和興趣，進而轉入面談的一種接近方法。這種方法的最大特點，就是讓產品作自我推銷，讓顧客接觸產品，透過產品自身的吸引力，引起顧客的注意和興趣。

●饋贈接近法

推銷人員利用饋贈物品，免費品嚐的方法吸引並喚起顧客的注意。這種方法尤其適合新型產品的推銷，在各大商場客流密集處更能發揮效能。

使用此方法時，推銷人員應注意，饋贈的物品要適當，方便顧客拿取或品嚐，使用的語言要熱情、主動。

●利益接近法

推銷人員首先強調商品能爲顧客帶來的利益，引起對方的注意和興趣，達到接近的目的。例如：

「這是公司最新推出的新型石英多功能鬧鐘。它既可以擺在書桌上，外出旅行時，又可以合起來放在枕邊床頭，非常實用。」

「功能就更不用說了，光鬧鐘設置方式就有好幾種，既可以定時，還可以選定某月、某年、某時鬧鈴，非常方便。振鈴音響也有多種選擇，可以滿足不同顧客的喜好。除此之外，這種鬧鐘還有計算、記事的功能。在推展月裡，特價優惠五%。」

以實際利益去接近並打動顧客，常常是行之有效的重要的推銷手段。利益接近法符合顧客購買商品時的求利心理，直接了當地告知購買該商品所能獲得的實際利益，能有效引導消費。

但使用這種方法時，應實事求是，講求商業信譽，不可浮誇，更不能無中生有，欺騙顧客。

●好奇接近法

利用好奇心理接近目的的方法，推銷人員運用各種巧妙的方法及語言藝術喚起顧客的好奇心，引導注意力和興趣，達到推銷目的。

例如，一位推銷新型印表機的推銷員，在推開顧客辦公室門時，就說：「您想知道一種能使辦公效率提高，又能有效降低成本的辦法嗎？」

這些想法正是一般辦公部門努力追求的目標，而對主動送上門來的良計佳策，誰不為之動心呢？

當顧客的好奇心被緊緊抓住以後，推銷人員應不失時機，巧用推銷技巧和語言藝術，因勢利導，強化顧客的注意和興趣，進而實現自身目的。

•展示接近法

意指透過對商品的展覽、演示，以引起顧客的注意和興趣。

這是一種古老的推銷術，在現代行銷中，仍有重要的利用價值。

例如，某一推銷聲控魔術方塊玩具的推銷員，坐定之後，並不急於開口說話，而是取出一個小巧玲瓏、色彩豔麗正四方體「木箱」放到顧客的面前，隨著推銷員的一聲拍掌，小木箱不但搖晃起來，同時還用幾種語言發出「讓我出去」叫聲，彷彿眞鎖住了一個急於外逃的魔鬼。

一場形象生動、直觀的展示，勝過推銷人員繪聲繪影的描述，使顧客直接地獲得了直覺印象。接著，推銷人員如能不失時機地發揮語言藝術的作用，熱誠地為顧客釋惑解疑，闡明產品價格定位及廣闊的市場前景，就能為最後的成交打下良好的基礎。

在這個有能力不一定就能成功的時代，想要與人做有效的溝通、就必須留意自己說話的口氣，用最動聽的話語，表達自己的意思。

推銷員能用的時間是很短的，所以更要在幾秒內，讓每一句話發揮功效，配合推銷動作，吸引、刺激購買欲，把陌生人變成顧客。

讓說出的每一句話都奏效

一句話看似簡短，說得好能讓你的推銷加分，如果句句正中紅心，一場對話累積下來，客戶非你莫屬。

在實際推銷進行過程中，巧妙地使用語言，是推銷成功的關鍵。那麼，該如何使用推銷語言才算巧妙呢？下面介紹八種方法：

• 選擇問句

例如：「您是要茶還是要咖啡？」

• 語言加法

羅列各種優點，例如：「這道菜不僅味道好，原料也十分稀少難得，含有多種營養，還對虛火等症狀有輔助療效。」

・語言減法

即說明現在不購買或選擇會有什麼損失，例如：「這種魚只有武漢一帶的長江水域中才有，您如果現在不嚐嚐，回去後將難有機會了。」

・轉折說法

即先順著賓客的意見，然後再轉折闡述。例如：「這道菜確實比較貴，但原料在市場上的價格也不低，做菜的技巧較為複雜，口味別俱特色，您不妨一嚐，就知道物超所值了。」

・語言除法

即將一種商品的價格分成若干份，使看起來不貴，例如：「雖然要三百元一份，但六個人平均下來，不過五十塊錢。」

・借人之口法

例如：「客人們都說招牌菜做得很好，您願意來一份嗎？」

・直接稱讚法

例如：「這鮑魚炒飯是我們飯店的特色，不妨試試。」

• 親近法

例如：「特別介紹一道好菜給您，這是今天才買回來的。」

下面再介紹一則巧妙使用推銷語言，推銷豪華套房成功的實例：

某天，台北某家知名飯店前廳部的客房預訂員小王，接到一位美國客人打來的長途電話，想預訂每間每天收費在二百二十美元左右的標準雙人客房兩間，預計三天以後入住。

小王馬上翻閱了一下訂房記錄表，回答客人說，由於三天以後飯店要接待一個大型國際會議，有幾百名代表，標準客房已經全部訂滿。小王講到這裡，並未就此把電話掛斷，而繼續用關心的口吻說：「您是否可以推遲兩天來，要不然請直接打電話與其他飯店聯繫，如何？」

美國客人說：「台北對我們來說，人生地不熟，你們飯店名氣最大，還是希望你幫我們想想辦法。」

小王暗自思量，感到應該儘量不使客人失望，於是便用商量的口氣說：「感謝您對我們飯店的信任，我們非常希望能夠接待你們這些遠道而來的客人。請不要著急，我很樂意爲您效勞。」

「我建議您和朋友準時前來，先住兩天我們飯店內的豪華套房，每天也不過收費二百八十美元。套房內可以眺望陽明山的優美景色，室內有紅木傢俱和古玩擺設，提供的服務也是上乘的，相信你們住了以後一定滿意。」

小王講到這裡，故意停頓一下，以便等待客人的回話。

見對方沉默了一下子，似乎猶豫不決，小王又趁勢誘導：「我想您不會單純計較房價的高低，而是在考慮是否物有所值，請告訴我您什麼時候、搭哪班飛機來台北，我們將派專車到機場迎接，到店以後，我一定陪您和您的朋友先參觀一下套房，然後再做決定也不遲。」

美國客人聽小王這麼講，一時間倒難以拒絕，最後便欣然答應先預訂兩天豪華套房再說。

另一個例子，是使用啓發性推銷語言，巧妙推銷書籍的故事：

一名顧客想買一本有關法律法規方面的書籍，他跑了好多書店，但就是找不到「大全」類的資料總匯。

後來，在某大學的書店，終於發現了彙編齊全的法規書籍，但書價過高，使他猶豫不決，買不下手。

老闆抓住了顧客的心理，採取「啓發式」語言改變立場。

老闆問：「您想買總彙多年法規大全的法律書籍吧？」

顧客：「是的。」

老闆：「您是想考研究所，還是律師？」

顧客：「參加今年的全國律師資格考試。」

老闆：「考律師比考研究所更應了解法律法規，您是否注意到國家每年的法規都在增加和變動？」

顧客：「的確是這樣，我正愁沒有一本法規彙編大全的書籍。」

老闆：「去年，我有兩個朋友因爲沒有注意近年來經濟合約法規的變化，差兩三分沒通過律師考試。」

顧客：「眞的啊？」

老闆：「這幾年律師考試，題目靈活多變，注重時效，技能測試題越來越多，很不容易呢！」

顧客：「那不是更應該靈活運用法規解決實際問題嗎？」

老闆說：「您說呢？」

顧客聽到這裡，消除了疑慮，當即以近千元的高價，買了一套法規彙編大全。

書店老闆的成功秘訣，就在於緊緊抓住顧客心理，如此不用回答任何問題，便足以使顧客滿意而去。

抓住顧客的心理，說出的每句話都要有功效。

一句話看似簡短，說得好更能讓你的推銷加分，如果句句正中紅心，一場對話累積下來，這個客戶非你莫屬。

適時引用第三者的話

通常顧客對推銷員是排斥的，巧妙加入第三者的話，能夠增加可信度，使顧客心中感覺別人買了，那這項產品必定不差。

推銷時，巧妙地引用第三者的話，向顧客說出他人對自己商品的評價，會收到意想不到的效果。

談到正出售的一塊土地，你可以對顧客說：「前不久一個顧客也來此地看過，他覺得非常滿意，想蓋棟別墅。可惜後來他因資金周轉有問題而無法購買，我也為他感到遺憾。」

這種方法效果非常好，但是，如果你說謊又被識破的話，那可就非常難堪了，所以應該儘量引用眞實的事情。

這一技巧的妙處，在於一般顧客對於推銷員的印象總不是那麼好，對於推銷這種售賣方式也多持懷疑的態度。如果你非常成功地引用了第三者的評價來遊說，顧客一定會感到安全感，消除對你的戒心，相信你做的商品介紹，認爲購買你的商品可以放心。

假如你爲一家公司推銷一種新式化妝品，而這家公司已經在電視上大做廣告，那麼你的推銷一定要由此開始。

你應該對顧客說：「這就是電視裡天天出現的那種最新樣式的化妝品，您一看就會認出來的。」然後立刻將樣品遞過去，她便不會有意識地來懷疑你了。

如果你認爲對方不是一個喜歡標新立異的人，可以接著告訴她：「我剛才已經賣了幾十瓶，他們都是看了電視廣告介紹才下決心買的。」

這樣，成交希望就更大了，因爲你一直都在「請」廣告和其他的購買者來爲自己背書，她自然不會產生懷疑。

如果你知道某個「大人物」曾盛讚或使用了你正在推銷的商品，那麼推銷會變得更加容易。毫無疑問，電影明星、體育明星等「大人物」一定比你更容易受到信賴，說服力當然強得多。

但這樣的好事，未必就落在你所推銷的商品上，這也不要緊。你如果能打聽到顧客的周圍，有一個值得信賴的人，曾經說過你的商品的好話，就應該不失時機地加以應用。

即便你引用一個顧客並不了解的人所說的話，也不一定就沒有效果。只要言之有理，對方仍然會加以考慮。

推銷過程中，一般只有兩者在對談，即推銷員和顧客，通常顧客對推銷員總是排斥的，這時若巧妙加入第三者的話，能夠增加可信度，使顧客心中感覺別人買了，那這項產品必定不差，同時也激起對方的購買慾，覺得既然別人有了，自己也要買。

與其發怒，不如使出「忍術」

對說「這個不好」、「那樣不對」的人，最重要的是讓對方儘量把話說完，再抓住時機反駁，進一步掌握有利勢頭。

在商場上，常會看到顧客與推銷員爭辯。基本上，不管他們在吵什麼，為什麼而吵，周邊的人絕大部份會站在顧客那一邊。

原因很簡單，他們也是消費者，總有一天也會遇上類似情況。

因此，你應該清楚地認識到這一點，遇到顧客有意見時，不論誰是誰非，都不得為此爭辯，儘管你有千萬條道理，也不可開口說一句重話。一旦說了爭辯的話，生意做不成是小事，影響名聲，那問題就大了。

在舊金山有一家鞋店，老闆應付顧客的手段相當高明，儘管他給人的印象並不屬於精明且伶牙俐齒的生意人。

每次顧客對他抱怨說「鞋跟太高了」、「式樣不好看」、「我右腳稍大，找不到適合的鞋子」，老闆都只是點頭不語，等顧客說完後，他才說：「請你稍等。」隨即拿出另一雙鞋表示：「你一定適合，請試穿。」

顧客起初很疑惑，可穿上之後，便會高興地說：「好像是為我訂做的。」於是很高興地把鞋買走了。

在推銷員須知中，有一條規則是：別和顧客爭辯！因顧客說的話有絕對的理由，難以說服。

與其爭吵，推銷員應利用顧客的心理，使他沒有繼續反駁的餘地，以求圓滿地達到自己的目的。

對說「這個不好」、「那樣不對」一類話的人，不要一一反駁，最重要的是讓對方儘量把話說完，再抓住時機引導。對方說他喜歡什麼，其實等於是推出王牌，可以讓自己進一步掌握有利勢頭。

自己掌握的情報不要讓對方知道，否則就等同把優勢讓給了對方。說服顧客時，不要著急，而要根據對方的反應，慢慢抓住有利的線索。

西方有句諺語說：將所有的資料公開，等於送鹽巴給敵人。作爲一位商人，就是透過商品銷售獲得利潤。作爲一位推銷員，就是迎合顧客心理，熱情接待顧客，讓他高高興興地從商店裡買走商品。

顧客可以千錯萬錯，而推銷員不得有半點失誤，當忍則忍，切莫爭辯。與其爭得臉紅脖子粗，不如省下力氣，好好培養自己的「忍術」。

懂得看時機，說話才適宜

當顧客有問題時，推銷員的應答便成為最即時的回應，越即時的回應，說話越要小心，因為影響往往最大。

人際溝通大師塞巴特勒曾經寫道：「想讓對方接受原本不想接受的看法，最好使用對方喜歡聽的語言。」

從事推銷工作多年的業務員大多有同樣感覺，接待顧客，最困難是在於尊敬語的使用。由於對象不同，使用的尊敬語也有區別。

另外，現代社會步調快速，成功的推銷員或服務人員面對顧客的要求，一定要給予即時的回應，在不同的時機說不同的話，做到即時又優質。

作爲推銷員，依使用時機不同，可將敬語分爲幾種：

• 接待顧客

1. 接待顧客時應說：

歡迎光臨。

謝謝惠顧。

2. 不能立刻招呼客人時：

對不起，請您稍候！

好！馬上去！請您稍候。

3. 讓客人等候時：

對不起，讓您久等了。

抱歉，讓您久等了。

不好意思，讓您久等！

• 拿商品給顧客看

是這個嗎？好！請您看一看。

● **介紹商品**

我想，這個比較好。

● **將商品交給顧客**

讓您久等了！

謝謝！讓您久等了！

● **請教顧客**

1. 問顧客姓名時：

對不起？請問貴姓大名？

對不起！請問是哪一位？

2. 問顧客住址時：

對不起，請問府上何處？

對不起，請您留下住址好嗎？

對不起，改日登門拜訪，請問府上何處？

•更換商品時

1.替顧客更換有問題的商品時：

實在抱歉！馬上替您換。

很抱歉，馬上替您修理。

2.顧客想要換另一種商品時：

沒有問題，請問您要哪一種？

•送客時

謝謝您！

歡迎再度光臨！謝謝！

•向顧客道歉時

實在抱歉！

給您添了許多麻煩，實在抱歉。

敬語的使用並非一成不變，若能做到視情況應變，加上誠心，相信客戶可以感受到你的尊敬。

另一方面，推銷員在工作崗位上服務時，常常需要針對顧客的疑問給予回應，或者對顧客的召喚做出反應。服務過程中，所使用的應答用語是否恰當，往往直接反應了服務態度、服務技巧和品質。

整個服務過程中，推銷員隨時都有可能需要使用應答用語，由此可見使用範圍之廣泛。

推銷員在使用應答用語時，基本的要求是：隨聽隨答，有問必答，靈活應變，熱情周到，盡力相助，不失恭敬。

就應答用語的具體內容而論，主要可以分爲三種基本形式，在某些情況下，相互之間可以交叉使用。

• 肯定式的應答用語

主要用來答覆服務對象的請求。重要的是，一般不允許推銷員對於服務對象說一個「不」字，更不允許對狀況置之不理。

這一類的應答用語主要有「是的」、「好」、「隨時爲您效勞」、「聽候您的吩咐」、「很高興能爲您服務」、「我知道了」、「好的，我明白您的意思」、「我會儘量按照您的要求去做」、「一定照辦」……等等。

• 謙恭式的應答用語

當服務對象對於被提供的服務表示滿意，或是直接進行口頭表揚、感謝時，一般會用此類應答用語進行應答。

它們主要有「這是我的榮幸」、「請不必客氣」、「這是我們應該做的」、「請多多指教」、「您太客氣」、「過獎了」。

• 諒解式的應答用語

在服務對象因故向自己致歉時，應及時予以接受，並表示必要的諒解。常用的諒解式應答用語主要有「不要緊」、「沒有關係」、「不必，不必」、「我不會介意」等等。

當顧客有問題時，推銷員的應答便成為最即時的回應，越即時的回應，說話越要小心，瞬間、立即的一兩句話，給人的印象和影響往往最大。因此，顧客的反應必回，而且要回得好；和顧客應對進退時，必「敬」。

說話的藝術不是一朝一夕可達成，但從生活中細細體會，不斷改進，說出適當的話並不那麼難。

會話式推銷，接受度更高

用會話的方式和顧客進行推銷，能深入了解這位顧客朋友的需求，縮短你們之間的距離，建立長久關係。

怎樣與顧客進行推銷訪問？特別是第一次與新顧客見面。這是所有推銷員都必須面對的問題。使推銷成功的途徑並非一成不變，可以說多種多樣、千變萬化，會話式推銷訪問就是一種相當成功的方法。

●會話式推銷訪問程式

1. 在接受推銷技巧認訓練以前，建立明確的訪問推銷程式觀念。
2. 討論各個推銷程式時，能夠清楚地了解在推銷訪問中的個別意義。

•會話式推銷程式的意義

1.在訪問顧客以前，能夠依「會話式推銷訪問程式」的五個步驟去計劃及準備推銷訪問。

2.充滿信心按照「會話式推銷訪問程式」的五個步驟，以獨立自主的態度和精神訪問顧客。

3.訪問顧客後，能夠按照「會話式推銷訪問程式」的五個步驟檢討訪問經過，並制定改善計劃。

•會話式推銷訪問的重點

1.訓練業務代表，在訪問過程中應用最簡易的「會話式推銷訪問程式」，建立融洽的商談氣圍。

2.訓練業務代表，不光了解自己的產品，更能對不同類型的顧客演習「會話式推銷訪問程式」。

• 會話式推銷訪問的效果

1. 業務代表在訪談時較容易進入狀況，談笑自如。

2. 顧客在面對業務代表時，因減少抵制心理而樂於談論，容易建立長久且正向的雙方關係。

3. 能夠讓業務代表更了解顧客需求，並有利於提供協助。

4. 推銷員容易儘快進入角色，避免因摸索而浪費時間。

以下，則是會話式推銷的五個實施步驟：

• 會見顧客

建立關係技巧——和諧、誠懇的表現與設身處地的談吐。

1. 遞交名片，自我介紹。

2. 以和諧、誠懇的眼神看著對方。

3. 簡潔說明來意、工作內容。

4.附和對方的話題，表示出濃厚興趣。
5.心平氣和地傾聽對方的講話，表示了解。
6.有禮貌的談吐，尊重對方的稱呼。
7.謙虛的敘述，以對方的談話為中心。

•界定顧客需求

診斷分析技巧——用適當的方式探詢產品使用的相關問題後，細心聆聽，協助界定並解決需求。

1.以關心的口吻探詢產品使用的問題。
2.在對方敘述時注意聆聽，重複對方的話以澄清內容。
3.提起競爭產品時不可批評。
4.若有不明顯的需求，可以用暗示以打聽目的。
5.舉出別人使用本公司產品而獲得的好處，或欣賞的要點。

• 以產品的利益配合顧客需求

摘要指示技巧──將產品特定的利益配合顧客顯示需求，並將利益連接在產品的特徵上。

1. 將產品特定的利益配合顧客提出的需求。
2. 將利益和產品的特徵連結。
3. 避免滔滔不絕地講個不停。
4. 時時探詢對方的反應，不可搶詞。
5. 不可有強詞奪理的言詞與舉動。

• 觀察顧客的態度

觀察態度技巧──觀察顧客的接受性，化解不以為然，猜疑，反對意見，推託等反應態度。

1. 對顧客反對表示了解，重述要點加以核對是否會意。
2. 提出解決的意見或答覆猜疑要點。

3.以解決意見建議供對方參考，求得同意。
4.對不明白的內容要做筆記，誠實應對，不可編造謊言。
5.若有無法當面解決的事項，約定查明後答覆。

•總結會話

總結技巧——摘要討論後同意的要點，請求採取特定行動。
1.摘要已經同意或經過澄清的要點。
2.提出建議，請求採取行動，必須以誠懇的眼神看著對方。
3.以充滿信心的口氣，強調對方的利益要點。
4.從不同角度再試試，以取得同意。
5.不可表現耍賴的態度，感謝顧客給予談話的機會。

會話式推銷訪問，就是用會話的方式向顧客進行推銷，能讓你深入了解這位顧客朋友的需求，縮短彼此之間的距離，建立長久的關係。

你問對問題了嗎？

在銷售過程中，推銷員越早且越經常地提出問題越好，因為那將有利於更了解對方，更針對性地解決問題。

提出適當的問題，能夠使對方說出你該知道的一切，這極有可能是決定業務成功與否的關鍵。

看看下列各項，檢驗一下自己是否做到準確提問。

1.問題是不是簡明扼要？

2.是否把顧客的答案引向你的產品？

3.能不能引導對方引用以往的經驗，讓你分享他的驕傲？

4.問題的答覆是不是顧客從前未曾想過的？

5.問題是否直接切中顧客的處境？

6.能不能從顧客口中取得一些資料，讓你的銷售更有針對性？

7.問題能不能創造出正面的、有引導作用的氣氛，以利於完成行銷？

8.當對方問你問題時，你會不會反問？如顧客問：「兩週內能不能送到？」你能否懂得反問：「您希望我們在兩週內送到嗎？」

檢視自己的銷售過程，所提的問題是否做到以上要求？如果沒有，希望你事先準備十到二十五個問題，以利於發掘對方的需求、痛苦、心思、障礙。

這裡有三個步驟可供參考：

步驟一：陳述一件無法反駁的事實，讓對方回答「是」。

步驟二：陳述可以反映出經驗與創造信任感的個人意見，如此既能控制話題，又能讓顧客對你的專業性產生信賴。

步驟三：提出一個與前兩個主題吻合，又可讓顧客盡情發揮的問題，從中了解他的需求、意圖、障礙或其他資料。

你不妨試試如下的提問方式：

1.你打算如何……？

2.在你的經驗裡……？

3.你成功地用過什麼……？

4.你如何決定……？

5.為什麼那是決定性因素……？

6.你為什麼選擇……？

7.你喜歡它的哪些地方？

8.你想改善哪一點？

9.有沒有其他因素……？

作爲一個推銷員，你應該了解，推銷，有時是從一個巧妙的提問開始。

身爲一間大工廠的負責人，羅斯相當忙碌，他對推銷員的態度始終十分冷淡。

一天，一位推銷員來到他的辦公室。

推銷員：「先生您好，我是保險公司的推銷員貝特格。您認識吉米．沃克先生嗎？是他介紹我來的。」

羅斯：「又是一個推銷員！你已經是今天第十個推銷員了。我還有很多事要做，不可能花時間聽你們的話，別再煩我了，我沒有時間。」

推銷員：「我只打擾您一會兒，請允許我做個自我介紹。我這次來只是想和您約一下明天的時間，如果不行，晚一點也可以。上午還是下午好呢？我只要二十分鐘就夠了。」

羅斯：「我說過了，我根本沒時間。」

推銷員忽然轉變話題，只見他仔細看著放在地板上的產品，然後詢問：「您生產這些東西嗎？」

羅斯：「是的。」

推銷員：「您做這一行多長時間了？」

羅斯：「哦！有二十二年了。」此時，他的神色和藹了些。

推銷員：「您是怎麼開始進入這一行的呢？」

羅斯：「說來話長了。我十七歲就到一家工廠工作。在那裡，我沒日沒夜地奮鬥了十年，後來終於擁有了現在這家工廠。」

推銷員：「您是在此地出生的嗎？」

羅斯：「不，是在瑞士。」

推銷員：「那您必定是年齡不大的時候就來了。」

羅斯：「我離開家鄉的時候只有十四歲，曾經在德國待了一陣子，後來才輾轉到了美國。」

推銷員：「那您當時一定帶了大筆資金吧！」

羅斯此時微笑著回答說：「我只以三百美元起家，一路到現在，累積了足足三十萬美元。」

推銷員：「這些產品的生產過程，想必是很有意思的事。」

羅斯站起來，走到推銷員身邊說：「不錯！我們爲自己的產品感到驕傲，我相信它們在市場上是最好的。你願不願意到工廠裡走走，看看這些產品是怎麼製造出來的？」

推銷員：「樂意之至。」

羅斯當即將手搭在推銷員的肩膀上，陪同他一起參觀工廠。

第一次和羅斯先生見面，推銷員貝特格並沒有向他賣出任何保險，但在那以後的十六年裡，不僅成功賣出了十九份，還向他的兒子們賣出了六份。賺進許多錢不說，還和羅斯成了好朋友。

由此可見，在銷售過程中，推銷員越早且越經常地提出問題越好，因爲那將有利於更了解對方，更針對性地解決問題。

輯8.

說服的關鍵，在於口才表現

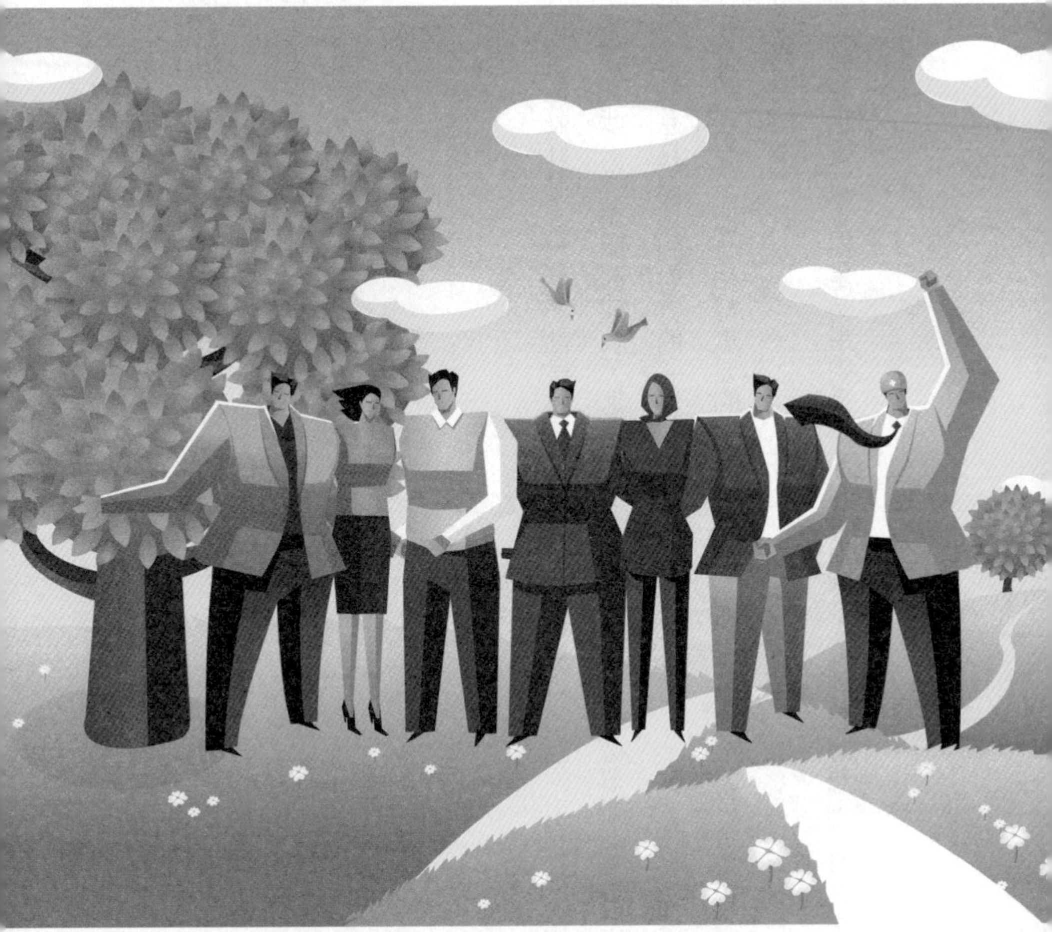

適度的自我宣傳與推銷，輔以具緩和作用的幽默感，
使一切在親切融洽氣氛中進行，是達成交易的最理想情境。

說話之前，先學會聽話

完整的溝通模式是雙向性溝通，它讓接收者傳達自己對資訊的反應，能讓資訊傳送者更有效掌握進行的方向。

每個人都喜歡聽好話，說好「話」遠比比做好「事」更容易讓你引起別人的注意。如果你想讓交涉、推銷順利成功，那麼在溝通的過程中，就必須學會聽對方說話，然後把自己的意見滲透到對方的心坎裡。

「說」在推銷過程中佔有相當重要的位置。同樣一種產品，推銷員說得越好，顧客就越可能購買。

如果你自認非常賣力，但是結果總是不理想，那麼，或許該想想，自己是不是疏忽了傾聽的技巧？

經過細細檢討，你就會了解「傾聽」是溝通的重要過程。

很多人在溝通的過程中，採用「單向」的溝通方式，無形中埋下失敗的肇因。單向溝通方式帶有強迫接收的性質，並不適合發掘顧客需要的心理要求。從事商業事業的推銷人員，必須學習更完善的溝通模式。

完整的溝通模式是雙向性溝通，它讓接收者傳達自己對資訊的反應，能讓傳送者更有效掌握資訊的傳送方向。

成功銷售的關鍵，在於把顧客的心聲分成兩種類型，每一種類型都有不同的傾聽技巧和方式，幫助自己掌握顧客的需要，這就是足以令推銷員成功致富的「傾聽廉價原理」。

這兩種類型爲：

1. 傾聽顧客抱怨。

2. 傾聽顧客認同。

掌握「傾聽廉價原理」，可以以根據不同的需要，打進顧客的世界。然而，在這個過程中，仍然存在著許多難以克服的障礙，要盡全力解決的。

傾聽的障礙，便是干擾資訊傳遞的噪音。當溝通雙方就傳達資訊進行詮釋時，噪音會妨礙彼此對傳達資訊的了解程度。

從接收者是否能夠掌握資訊的角度衡量，干擾的噪音可以分成兩類：

1. 外部噪音——來自資訊接收者外部的噪音來源。

2. 內部噪音——來自資訊接收者內部的噪音來源。

外部噪音關係到資訊傳遞者表達的方式、說話的速度、態度等因素，以及溝通環境的干擾與變化等因素。

內部噪音關係到資訊接收者情緒上的變化，像激動、緊張、興奮，或缺乏興趣等因素，以及個人傾向，如成見或接收方式的影響。

如何排除以上障礙呢？

- **排除外部噪音**

1. 集中注意力。
2. 習慣不同的口音與說話方式。
3. 加強專業知識。
4. 適時發問。
5. 選擇安靜的聚會場所。
6. 避免會發出干擾的物品。

- **排除內部噪音**

1. 積極的傾聽態度。
2. 降低情緒的干擾。
3. 避免成見的判斷。
4. 養成筆記的習慣。

經過持續的傾聽技巧訓練，能力一定會提升許多。你是否已經注意到自己傾聽技巧的優點所在？缺點呢？應該如何改進？

看看別人，想想自己，這是推銷事業能夠創造奇蹟的原因之一。

不妨多多觀察成功的推銷員，他們的傾聽技巧如何，以及自己可以從他們身上學到些什麼。

頂尖的業務員之所以能巧妙地了解顧客的需求，就在於他們不僅有說話的技巧，也懂得傾聽，能夠隨時從對話中捕捉訊息。

會說，更要會聽。想成功抓住他人的心，兩種技巧千萬不可缺一。

只要有理，反駁未必不可以

俗話說：「顧客都是對的」，不是要你對顧客唯唯諾諾，而是在不冒犯自尊的原則上，提供正確資訊和知識。

反駁，是指推銷人員根據較爲明顯的事實與理由，直接否定顧客異議的一種處理策略。

反駁在實際運用中，可以增強推銷面談的說服力量，增強顧客的信心，節省推銷時間，提高推銷效率，更可以給顧客一個簡單明瞭不容置疑的解答。因而正確地靈活地使用反駁，可以有效地處理好顧客異議。

但是運用不好，卻極易引起推銷人員與顧客的正面衝突，可能會增加壓力，甚至激怒顧客而導致推銷失敗。如果因爲直接反駁而使顧客感到自尊心受傷害，那麼，即使產品再好，顧客也會拒絕購買。

另外，在使用反駁法的過程中，如措詞使用不當，會破壞推銷氣氛以及推銷面談雙方的情緒，從而使推銷陷於不利之中，使整個活動在顧客原有異議之外，又增加了新的障礙。

所以，反駁絕不可濫用！

運用反駁處理法處理顧客異議時，應注意以下幾點：

- 反駁不可濫用

反駁只適用處理因爲顧客無知、誤解、成見、資訊不足而引起的有效異議，不適用於處理無關與無效異議，因情或性問題引起的顧客異議，有自我表現慾望與較爲敏感的顧客所提出來的異議。

- 反駁必須有理有據

用以反駁顧客異議的根據必須是合理的、科學的，而且有據可查，有證可見，

因而最好透過講道理的方法，去進行澄清。

推銷人員在反駁顧客異議的過程中，必須注意講話的邏輯性，應首先明確指出顧客的異議內容，釐清異議性質與根源，然後，由淺到深提出事實證據理由，依靠事實與邏輯的力量說服顧客。

• 反駁仍然要友好

推銷人員在反駁顧客異議過程中，應始終貫徹友好眞誠的態度，維持良好的推銷氣氛。

首先，推銷人員應理解，即使顧客是因爲無知而提出購買異議，自己反駁的也只是錯誤的看法，而絕非顧客的人格。所以，在反駁顧客異議過程中，推銷人員既要關心推銷的結果，更要關心對方的情緒與心理承受能力。

推銷人員應面帶笑容，用詞應委婉，語氣誠懇，態度眞摯。同時，隨時注意顧客的行爲及表情的變化，揣摩顧客的心理活動，使對方既消除了異議，又學到了知識，感到推銷人員爲顧客著想的基本態度，從而維持良好的互動關係與合作氣氛。

因爲，從消費與購買心理學觀點出發，顧客的認知、情感與意志都直接影響著購買決策，不可不愼。

•反駁要注意提供的資訊量

推銷人員在反駁異議過程中，應堅持向顧客提供更多的資訊，從現代推銷學的原理去認識，應該把反駁理解爲以新的資訊去更正原有的過時資訊，以眞實的資訊去反駁錯誤的虛假資訊，以科學的知識去反駁不正確的無知。

所謂「顧客都是對的」，不是要你對顧客唯唯諾諾，而是在不冒犯自尊的原則上，適時否定錯誤觀念，提供正確資訊和知識。

因此，在運用反駁處理法處理顧客異議的過程中，應始終堅持以資訊的傳遞與提供爲基礎，以推銷教育爲手段，以傳遞知識與購買標準爲目標，堅持向顧客提供資訊。如此，才能使對方了解情況，了解產品，了解推銷人員，並解除誤會，增進知識，增強購買信心。

與反對的聲音達成共識

面對顧客的反對意見，要保持冷靜對待。應當態度自若，避免和顧客爭吵，進而靈活運用方法來解決問題。

反對意見是顧客對推銷人員及推銷的產品、推銷行爲的必然反應。常言道「嫌貨才是買貨人」，從這個意義講，反對意見不是推銷的障礙，而是顧客對商品感興趣，即將成交的信號。

因此，推銷行家認爲，只有當顧客提出意見時，才是推銷工作的開始。要認識到顧客提出反對意見是正常現象，正確對待反對意見，認識反對意見的實際意義，甚至主動要求並歡迎顧客直接提出。

從推銷心理講，顧客的購買決定既受理智的控制，也受情感的控制，推銷人員與顧客爭吵絕對會傷害感情，即使推銷人員取得了爭吵的勝利，也失去了成交的機會，並不值得。

你應研究顧客的心理狀態，講究說服藝術，不要讓顧客難堪，遇到狀況，可以委婉地說：「我知道自己還沒有完全解釋清楚……」或者說：「對不起，我使你產生了誤解。」以此來化解當前的矛盾。

此外，應尊重顧客的觀點，即便自己認爲是錯誤的，或者根本不同意，也要認眞聽取，讓顧客暢所欲言。

這樣做有利於保持友好的氣氛，並減輕顧客的心理壓力。

如果顧客不需要你說出個人的看法，或者根本不把你當成行家徵求意見，就要儘量不提出自己的個人看法，不要說：「如果我是你，我就……」或者：「我自己就使用過……」這樣的話語，在內行的顧客看來，既缺乏說服力，又不夠眞誠。

處理顧客異議時，推銷員常用的語言技巧有以下幾種：

•做好準備

在與顧客面談之前做好充分準備，事先對顧客可能提出異議的地方做詳盡的闡釋，以克服反對意見。使用此方法應注意不要使用一些刺耳的詞句，以免引起顧客的反感。

把推銷要點分成許多部分，然後用提問的方式提出，在提出推銷要點之後，要檢查一下顧客是否接受。

很可能有你認爲正確的建議，而顧客卻認爲是難以理解的情況，所以要謹慎引導顧客按照你的方法看問題。

經驗證明，做好上述幾點後，在與顧客面談時，可以大大減少顧客的反對意見，使氣氛和諧。

•不直接反駁顧客

這種方法的談話形式是「對，但是……」，它是根據有關事實和理由來間接否定顧客意見的處理技巧。

使用此法的優點是不直接反駁，而間接否定顧客意見，一般不會導致冒犯，有利於保持良好面談氣氛。同時也爲談話留下一定餘地，有利於根據顧客的意見，提出具體的處理辦法。

例如顧客說：「我不喜歡這樣式，太難看了！」根據觀察分析，這意見的根源是顧客的個人偏好，對於這種敏感的問題，不宜直接加以反駁，而應委婉地伺機處理。

你可以說：「先生，您的看法有一定道理，但是您是否也認爲這種式樣具有新的特色……」

這種方式是承認顧客的意見，先退後進，繼續進行銷售面談和示範，間接否定顧客的反對意見，卻不至於傷人。

•善加利用顧客的意見

這是利用顧客反對意見，適當提取利於推銷的那一面，作爲洽談的起點，展開說服和示範的方法。

顧客的反對意見同時具有雙重性，既有阻礙成交的可能，又有促成交易的希望。推銷人員應利用顧客意見的矛盾性，發揮積極因素，克服消極因素，有效地促成交易。

這種方法既不迴避顧客的意見，又可以透過改變有關意見的性質和作用，把顧客拒絕購買的理由轉化爲說服購買的理由，還可以營造良好的洽談氣氛，有利於完善處理意見。

例如，顧客說：「又漲價了，買不起。」

經過分析，意見的來源主要是偏見和物價上漲，於是，推銷人員說：「這商品是漲價了，而且還會繼續上漲，現在不買，將來恐怕眞的買不起了。」

這就是一個明顯的範例，把拒絕購買商品的理由轉化，搖身一變爲說服顧客購買的理由。

● 利用產品優點

某些時候，顧客的反對意見確有道理，採取否認的態度是不明智的做法。推銷人員應承認顧客是正確的，然後利用產品的優點來補償和抵消這些缺點。使用產品優點的方法來處理反對意見，可以使顧客達到一定程度的心理平衡，有利於排除成交障礙，促成交易。

例如，顧客說：「我要買一部帶耳機的收音機，可是你這種是不帶耳機的，我不要！」

推銷人員便可說：「這種收音機是不帶耳機，但是要買帶耳機的就要多花一些錢，其實耳機用的時間也不多，您何必花這些錢呢？再說這種收音機已經裝有插孔，萬一要用，您可以買一副更好的呢！」

●迴避法

顧客主觀的反對意見是難以消除的，因此，對於過於主觀的反對意見，只要不直接影響成交，推銷人員最好不回答，更不要反駁，迴避處之。推銷經驗告訴我們，有相當多的反對意見，是可以置之不理的。

例如，顧客說：「你是某某公司的推銷員？那個鬼地方眞不方便。」

這一個與成交無關的意見，不影響交易，因此推銷員不予理睬，便說：「先生，請你先看看產品……」跳過與成交無關的意見，繼續進行面談。

「這東西太貴了！」

一位顧客提出了反對意見，推銷人員認爲這意見出於偏見，決定置之不理。於是，他繼續說道：「先生，關於價格問題，現在我們暫且不談，還是請您先看看產品吧！」

推銷人員不理睬顧客提出的「太貴」意見，繼續談產品，當顧客眞正理解了產品的用途和特點後，先前所謂的「價格太貴」的意見也就不復存在了。

面對顧客的反對意見，要保持冷靜對待。如果處理不冷靜，口氣不當，就會引起顧客的反感。

因此，遇到顧客持有反對意見時，應當態度自若，避免和顧客爭吵，進而靈活運用方法來解決問題，達成交易。

說服的關鍵，在於口才表現

適度的自我宣傳與推銷，輔以具緩和作用的幽默感，使一切在親切融洽氣氛中進行，是達成交易的最理想情境。

有時候，顧客其實很想買你的產品，但不知道這個決定對不對、好不好，因此提出各種問題，或自己站在反方說出各種不想買的藉口，等著你給他信心，說服他購買。

顧名思義，凡是「說服」行動，必定跟語言脫不了關係。事實也確實如此，我們可以說，說服的關鍵正在於口才表現。

- 怎樣發揮「攻心」效應

一家銷售名貴珠寶的銀樓，一早開門不久，便走進一對華僑夫婦。夫人看中了一只相當華美的鑽石戒指，從女店員手中接過之後看了又看，顯然是愛不釋手。但當她看清標價後，便搖了搖頭，顯現出爲難的樣子。

夫人說：「好是好，就是……」

女店員一聽，心下會意，馬上接口：「夫人，您眞有眼光，這戒指確實漂亮，但相對的價格也高。上個月，市長夫人來到店裡，也同樣看上了它，非常喜歡，但因爲價錢問題，終究是沒有買下。」

這時，那始終沉默的先生開口了：「小姐，眞有這樣的事情嗎？連市長夫人都喜歡這個戒指？」

女店員當即點了點頭，只見先生考慮了一下，說：「小姐，請開發票，我要買下這個戒指。」於是，這枚放在店裡兩年始終未能售出、價格昂貴得驚人的鑽石戒指，終於順利成交。

這個例子之所以成功，訣竅正在於巧妙運用了語言的「攻心」效應，以堂堂市長夫人也未能買下的消息爲「誘餌」，激發那名華僑先生「求名」的心理慾望，達成交易。

● 進行自我宣傳與自我推銷

人們在自我誇耀時，總多少感到左右為難，希望表現自己，讓別人賞識，同時又害怕被別人認為自誇自大，一點不懂得謙虛。

在東方社會，長久以來的道德標準認定謙讓是美德，可隨著時代變遷，社會競爭日趨激烈，「自我推銷」顯得越來越重要。

學會適度自誇是相當重要的才能，而在進行自我誇耀時，首要就是表現幽默感，務求讓別人在笑聲中接受。

自誇並不可恥，而是一種宣傳，畢竟廣告是所有商業行為的基礎。但是，如果採用過分或低俗的方式自我炫耀，就會招致反感。因此，自我宣傳和自我誇耀首先應具有適度的幽默感，並保持在適當程度。

例如，日本的「丸牛百貨公司」，有一句相當幽默的廣告語：「除了愛人，什麼東西都賣給你。」

●說服顧客是盈利的關鍵

不管在哪一行業，說服客人的能力都是非常重要的經營之道。以下是幾則小笑話，開懷之餘，也請你細細品味對話中的奧妙：

有位爲自己身後事著想的老人，來到一家葬儀社，打算預購棺材。店主一聽，很熱心地向他介紹各種價格不同的棺材。

聽了半天之後，老人忍不住詢問店主：「請問一下，三十萬元的和兩萬元的，究竟有什麼不同？」

「不同可大了！最明顯來說，三十萬元的棺材設計比較符合人體工學，內部有足夠的空間，可以讓你的手腳充分伸展。」

另一則笑話則與生髮水相關，是這樣說的：

一名客人聽了老闆大力介紹的某種強效生髮水後，疑惑地問道：「這……眞的有效嗎？」

「當然啦！我的顧客當中，甚至有人連續用了五年啊！」

也有另一種版本，面對同樣的質問，老闆如此回答：「那當然啦！不過這種藥在使用上稍微有點麻煩，就是必須要用棉花棒擦抹。那些以前用手直接沾著擦的客人，事後都抱怨連連，說雙手都長了毛，簡直跟猴子沒兩樣。」

推銷的最大忌諱，就是激怒客人，因此可說幽默感是必備「武器」。適度可信的自我宣傳與推銷，輔以具備緩和作用的幽默感，使一切在親切融洽的氣氛中進行，是達成交易的最理想情境。

成功的銷售源自說話技巧

在現在沒有硝煙的商場上，銷售員若能像古代縱橫家一樣，巧舌如簧，精選話題，當作銷售的潤滑劑，便如同掌握了高明的武器一樣，戰無不勝。

過去，銷售術一直被誤認爲是「銷售員的說話藝術」，即銷售員一面對顧客察顏觀色，一面滔滔不絕、口若懸河地自說自話，達到銷售產品的目的。

我們當然不贊同爲了銷售業績而把一筐爛蘋果說成是好蘋果的做法，但我們必須佩服這一類銷售員，他能說服潛在購買慾望非常小的人，對自己的產品興趣盎然，欣然掏錢。

但現在的銷售，注重的是與顧客之間的對話，與其讓銷售員單方面說話，倒不如站在聽的立場，聆聽顧客的意見，並從顧客說話的內容觀察他對商品感興趣的程度，最後才能說服顧客進行交易。

對話當然可能是無話不談，但最終還是要把話題引到商品上，當談及商品時，重心應放在商品的功能上。

在對商品進行說明時，顧客會不斷地質詢，你要不厭其煩；當進入討價還價階段或詢問價格時，就表示顧客基本上已經傾向購買了；最後顧客決定交易，或簽訂購銷契約、或是現金交易；交易完畢，你便可視情況轉向輕鬆的話題，尤其是冗長的交談後，更需要這樣。

巧妙的說話，能增強親切感。

銷售員拜訪顧客時所用的言語，是關係到面談成功與否的重要條件，必須時常研究能夠給人特別好感的說法。例如，要常常使用感謝的話；說話須有條理，能說出要點；使用恭維話稱呼人；說話須親切，儘量避免使用術語與外國語，當然對內行的顧客則不在此列……

語言是傳遞銷售訊息的重要媒介，銷售語言必須是既有科學性，又有藝術性的。沒有科學性，銷售語言就缺乏說服力；同樣的，沒有藝術性，銷售語言也就談不上是一種有效的情感交流物。

中國古代春秋戰國時期的「縱橫家」，熟讀詩書，胸懷經天緯地之才，憑著三寸不爛之舌，坐著牛車周遊列國，爲各路諸侯出謀劃策，無論是開明的君主，還是鑽研霸術的王侯，都常會被這些「縱橫家」說服。

在現在沒有硝煙的商場上，銷售員若能像古代這些縱橫家一樣，巧舌如簧，精選話題當作銷售的潤滑劑，便如同掌握了高明的武器一樣，戰無不勝。

如何善用語言的魅力

真正的語言魅力來自於情感，來自於真誠為對方著想，來自於對聽話人的尊重。只有尊重而又為對方著想的語言，才能產生心靈的共鳴。

銷售員與顧客的交往當中，一開始就要通過講話來洽談業務，因此，在商品銷售中必須講究談話的技巧。

從許多行銷事例可以看出，語言藝術在銷售產品的過程中佔有絕對的重要性。只要語言運用恰當，嚴肅的談判就變成了朋友間的談天，自然少了很多隔閡。如果能以輕鬆幽默的言語面對顧客，銷售任務就可在談笑中圓滿解決。因此，我們可以這樣說，成功的銷售源自語言的藝術。

有位行銷心理學家曾經強調說：「吸引聽眾的說話技巧，就是使聽者憎惡、發笑或者悲傷。」

只會生硬地說一聲「您好」的銷售員，或一開口就是陳腔濫調的銷售員，顧客往往都沒有興趣聽下去，難免被人掃地出門。

眞正的語言魅力來自於情感，來自於眞誠爲對方著想，來自於對聽話人的尊重。只有尊重而又爲對方著想的語言，才能產生心靈的共鳴。

銷售員在銷售商品與對方的接觸中，要讓對方感到自己是誠實的。說話也要符合雙方的身份，流於俗套的虛僞應對，只會引起對方的反感。

例如，當你在櫛比鱗次的商店街閒逛，無論走進哪一家店，店員都說著雷同的話語的時候，你可能覺得那些詞藻只是他們的「工作語言」。

銷售員一定要注意說話的口氣，把話說得親切、和藹、謙遜，既恰如其分，留有餘地，又使顧客感到愉快、信任，如此，顧客才會在輕鬆愉快的心情中掏出錢包，完成交易。

但，毫不吝嗇地稱讚和朋友式的熱情交談，會使顧客如同走進了一個不設防的區域，放心地挑選、購買商品。毫不做作的熱情可以激發了他們的購買慾望。

顧客總是喜歡與熱情、開朗的銷售員談生意。因爲他們能帶給顧客一個愉快的心情和周到的服務。

銷售員的熱情來源於兩個方面，一是善於使用讚美，給顧客創造一個適合心意的熱情氣氛；二是交談中不斷介紹豐富的商品知識和有關的最新訊息，使顧客感到與銷售員接觸獲益匪淺，在熱烈的話語中度過一段愉快的時光。

培養隨機應變的能耐

銷售員可能遇到的意外情況相當多，這些不斷變化的因素，都要求銷售員具備隨機應變的口才與機智，以適應各種銷售場合、各類不同的對象。

談買賣，難免遇到困難或出現僵局，這時可以考慮採取語言上的「迂迴策略」，比如轉移話題、避免正面爭論、以退爲進……等等。

有一位外國記者奉命前去採訪一位工業鉅子，他不願採取一問一答的刻板方式，認爲最妥當的方式是設法與這位富翁聊天。然而，這位富翁對社交活動毫無興趣，彼此間的談話簡直無法進行。

記者在窘迫中靈機一動，想起了他剛進門時看到的一群小狗。於是他話題一轉，談起了那群小狗。

富翁的精神頓時一振，原來他對自己養的小狗頗爲自豪，便滔滔不絕地談了起來。這樣，在記者的誘導下，這次採訪工作終於成功了。

銷售員拜訪客戶，可能遇到的對象、場所均是一個未知數，這更需要具備隨機應變能力。

例如，首先要找什麼部門，找不到負責的人又該怎麼辦；如果遭到拒絕又將如何引起他的注意；有人在場，怎樣排除干擾……等等。對於這些可能發生的事，事先心中都要有一套應付的辦法，否則，自然會措手不及。

有一句話說得好：「市場是不相信眼淚的。」

從許多失敗的事例不難看出，大部分的銷售員既缺乏勇氣，更缺少應變的能力。他們的第一個失敗之處在於沒有準確找到有權做決定的銷售對象。

第二個失敗之處是，他們一聽到「我們不需要」或被顧客拒絕時，往往支支吾吾吾無言以對。

銷售員隨時都可能遭到顧客的拒絕，應該如何輕鬆應付，心中事先應有模擬方案，才不會手足無措。

第三個失敗之處是，即使對方堅決拒絕，離開時也應盡可能留給對方一個良好的印象。同時，每到一處，都要盡可能多地瞭解一些情況，以便下次再接再厲，而不是一遭拒絕就垂頭喪氣地離開。

銷售員可能遇到的意外情況相當多，這些不斷變化的因素，都要求銷售員具備隨機應變的口才與機智，以適應各種銷售場合、各類不同的對象，這是銷售員不可或缺的重要條件。

不可小看迎合奉承的魅力

談話藝術的精妙之處，就在於善用人性共同的「弱點」，滿足對方希望得到重視的潛在慾望。

過去，美國總統大多是律師出身，爲什麼會這樣呢？

因爲，律師懂得說話的技巧，能言善辯，當他們轉行從政，更深諳如何以熱情的語氣迎合選民，激發數萬人民的熱情。例如，林肯在蓋茨堡短短幾分鐘的演說膾炙人口、感人肺腑，勝過了平庸政客冗長的喋喋不休。

善於運用語言藝術，就可以輕巧地敲開顧客的心扉。

精緻的說話藝術訣竅在於適當得體的稱讚。

人一被人稱讚，態度通常就會有一百八十度大轉彎，這也就是爲什麼當代激勵大師戴爾．卡耐基要將虛榮、慾望、希望得到重視，稱爲人性共同的弱點。

在這個市場化的社會，是用平等的交換來滿足希望被人重視的慾望，推動包括銷售員在內的人去奮鬥，從而增加了社會的福音。

談話藝術的精妙之處，就在於善用人性共同的「弱點」，滿足對方希望得到重視的潛在慾望。

卡耐基曾說過一句名言：「在跟別人相處的時候，我們要記住，和我們交往的不是邏輯的人物，和我們交往的是充滿感情的人物，是充滿偏見、驕傲和虛榮的人物。要瞭解別人，我們需要個性和自制。」

銷售員想精進談話技巧，應該瞭解大多數的人都想擁有：自己和家人的健康、生活的幸福、親人的團聚、足夠的金錢、物質上的滿足、子女的幸福、擁有受敬重的感覺……

適時的抬舉可以建立新關係

人怎麼會拒絕別人的抬舉與尊重呢？有時候，人還有些感激為他帶來榮耀的人。給予別人足夠的重視，會大幅度改善你與別人的關係。

以真誠的語氣讚揚以及虛心向顧客請教，會讓顧客認爲你重視他，覺得自己是個重要的人物。

瓊斯是一個原材料供應商，一直想和材料包銷商約翰建立更密切的業務往來。約翰的公司雖然業務量大，在營銷市場信譽不錯，但約翰待人卻是極爲傲慢、刻薄、寡情。

每次瓊斯一登門拜訪，坐在辦公桌後的約翰往往就大吼：「今天什麼都不要！

不要浪費你我的時間！滾出去！」

瓊斯屢屢碰壁，只好苦思其他接近約翰的方式。

某次，瓊斯正準備在某個地區設立一個新的辦事處，恰巧約翰對那個地方正好很熟，並且業務量極大，因此藉機前去拜訪。

這一次拜訪時，瓊斯一進門就說：「先生，我今天不是來銷售東西的，我是來請教您一些事情，不知道您能不能抽出一點時間和我談一談？」

「嗯……，好吧。」約翰想了一下子說，「什麼事，快點說。」

瓊斯於是開口說道：「我想在某區設立辦事處，您對那個地方十分瞭解，因此，特地來恭聽您的高見，請您不吝賜教。」

「請坐，請坐。」這招果然奏效，約翰用了一個小時的時間詳細解說了那個地區的市場特徵和優缺點，而且和瓊斯討論了拓展營業的方案，最後，還和他聊起了家務事。

那天走出瓊斯走出約翰的辦公室時，不僅口袋裡裝了一份初步的訂單，而且還和約翰建立堅固的業務和友誼基礎。

約翰的態度為何有一百八十度的轉變？

這是因為他從向瓊斯吼叫、命令走開的粗暴方式獲得一定的快感，但也意識到如果瓊斯不想向他銷售產品，那麼自己什麼都不是。現在瓊斯居然不是為銷售產品而登門拜訪，並且必恭必敬地請教問題，使他的榮耀感得到滿足，感覺自己受到尊重。

人怎麼會拒絕別人的抬舉與尊重呢？有時候，人還有些感激為他帶來榮耀的人。給予別人足夠的重視，會大幅度改善你與別人的關係。建立了這層人情關係，以後彼此的往來就會更加密切。

口氣決定你的運氣

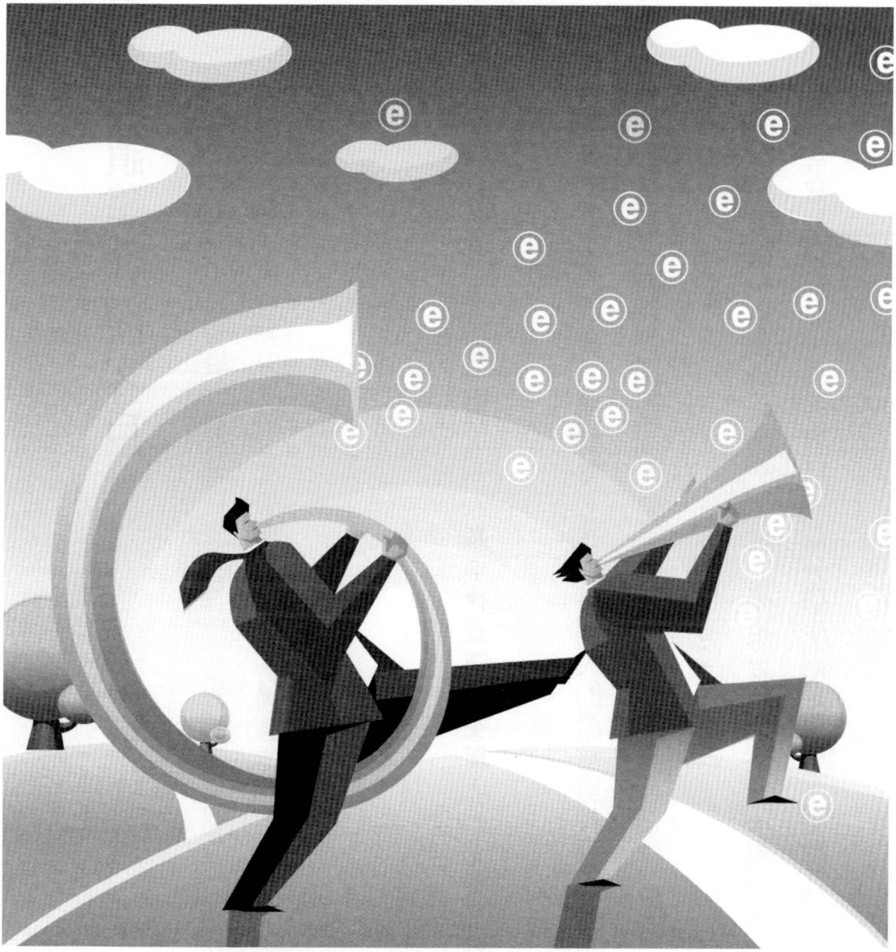

如果說興趣，是談話的潤滑劑，
那麼，風趣幽默就是銷售的調味料。
冗長而無趣的銷售、說明是很煩人的，
銷售員如不能適時來一點「噱頭」，
客戶就會昏昏欲睡。

真誠地讚美你的客戶

讚美應是真誠的，虛假過分的恭維只是拍馬屁，這樣只能導致失敗。銷售員應學會敏銳地發現對方的優點，給他誠實而真摯的讚美。

美國心理學家威廉．詹姆士說：「人類本性最深的企圖之一是期望被讚美、欽佩、尊重。」

被讚美可以說是人的一種心理需要。其實每個人的潛意識裡都渴望被人讚揚，因爲那樣才會知道別人對自己的認同。

有一個老師曾做過一個試驗，將一個班的學生分爲兩部分，對一部分的學生和顏悅色，而且常常是讚賞與疼愛，對另一部分學生則是板著一副臉孔，常常加以苛

責與批評。

結果學期末，常被讚揚的那一部分學生，學習成績大幅上升，而另一部分經常被責罵的學生成績則慘多了，他們的成績大幅下降，甚至有人覺得老師面目可憎，對上課一點也提不起興趣。

有一個喜歡自助旅遊的女性到過許多國家旅遊，別人都認爲她一定會很多種外語，結果她說：「其實，我每到一個地方，只學會了兩句話，那就是『你好』，『眞漂亮』。」

光憑這兩句話，就使她順利解決了食衣住行方面的難題，由此可見讚美別人的妙處有多大。

但是，銷售員拜訪客戶時，也不能光說讚美的話，那會讓人對你的話裡的眞實成分產生懷疑，顧客會認爲你是爲了讓他買你的東西才不得不恭維他，並不是發自眞心。

讚美應是眞誠的，虛假過分的恭維只是拍馬屁，這樣只能導致失敗。銷售員應學會敏銳地發現對方的優點，給他誠實而真摯的讚美。銷售員必須以找出對方的價値爲首要任務，這樣，便會使銷售在友好、和諧的氣氛中完成交易。

當你讚美一個人的優點，有可能那是他自己都沒有發現的，對方會因此對自己有了新的認識，可能會由此而創造出一個嶄新的「自己」。你可能也沒有想到自己在他的轉變中，扮演了鼓勵他、幫助他發現自我的角色，只感覺到對方對你的好感越來越強烈。

發自肺腑的讚美，能產生意想不到的奇效。濫用的讚美、毫無誠意的虛僞之詞，則恰似拍馬屁拍在馬腿上，只會讓對方感到嫌惡。

口氣決定你的運氣

如果說興趣，是談話的潤滑劑，那麼，風趣幽默就是銷售的調味料。冗長而無趣的銷售、說明是很煩人的，銷售員如不能適時來一點「噱頭」，客戶就會昏昏欲睡。

通常，當你知道你的客戶的興趣、愛好後，充滿熱忱地與他談論這些的話題，你會發現得到的是完全不同的反應。因為，那是客戶的興趣所在，可能是他的生命之焰。

但是，你在與客戶談論他們的興趣時，最好不要中途突然提及你的產品。興之所在，客戶會覺得與你相當投緣，這樣的話，以後做生意就不成問題了。

打動人心的最佳方式是，跟他談論他覺得最彌足珍貴的事物，當你這樣做時，不但會受到歡迎，也會使生命、事業得到擴展。

此外，要記住話多不如話好，話好不如話巧，多說「妙語」、「笑話」，必定能幫助你在銷售領域事業亨通。

如果說興趣，是談話的潤滑劑，那麼，風趣幽默就是銷售的調味料。冗長而無趣的銷售、說明是很煩人的，銷售員如不能適時來一點「噱頭」，客戶就會昏昏欲睡，當然，更多的可能是一走了之。

有位頂尖的行銷心理學專家，在總結銷售工作的說話技巧之時，把幽默感分爲三個層次：

第一是談吐風趣，而且能被自己所說的笑話逗樂；

第二是有領會各種事物幽默之處的能力，並與別人一起歡笑；

第三是勇於笑談自己，以樂觀的態度面對挫折與失敗，這樣的人才能做到真正的風趣幽默。

如何才能使自己充滿幽默感，發揮幽默的力量呢？

幽默不是天生而成的，是透過人的智慧創造出來的；會說妙語也不是天生就會的，是透過不斷的練習與學習而熟能生巧的。

妙語是可以創造的，只要細心觀察，就可以把周圍的人物所發生的故事，轉化成幽默的素材。

有一個十分敬業的空中小姐曾經敘述自己第一次上飛機的糗事。

她在機艙裡看到一對年輕的夫妻抱著一個小嬰兒，便走過去問有什麼需要她幫忙的地方。年輕的夫妻搖搖頭，嬰兒則乖乖地睜著眼睛看著她。沒能爲旅客服務，讓她覺得有些遺憾，並且有一片好心被拒絕的難堪。

這時，她猛然發現這個嬰兒竟然是個玩具娃娃，隨即靈機一動，半開玩笑地說：「好吧，等寶寶需要餵奶時，儘管叫我。」

這對年輕夫妻一聽，忍不住笑了出來，「小嬰兒」更是咯咯地笑個不停，周圍的旅客知道後也忍俊不住，機艙裡的氣氛頓時既融洽又活躍，大家爭著抱玩具娃娃，誇獎玩具娃娃做得太逼眞。

開個得體的玩笑，鬆弛神經，活躍氣氛，也能創造出適於交談的輕鬆氛圍，而且這種玩笑往往能發揮改變環境氛圍的作用。因此，具有幽默感是好多公司對銷售員素質的要求之一。

但是，開玩笑千萬不能過頭，而且內容要健康，態度要和善，而且行為不能過度，譬如，千萬不能拿顧客的生理缺陷開玩笑，也不能拿風俗習慣開玩笑。

前美國總統雷根是一個喜開玩笑、富有幽默感的人，可有時他太隨興，玩笑開得太過火，因而惹出許多不必要的麻煩。

例如，有一次，他在國會發表演講之前，為了試試麥克風，竟說了一句：「先生們請注意，五分鐘之後，我們將對蘇聯進行轟炸。」

此話一出，全場嘩然，蘇聯還對此提出了嚴重抗議。雷根的這個玩笑不符合場合與對象，當然讓在場的人士笑不出來，而是叫人大吃一驚。

不要滿口都是生意經

不急著開口談生意，等於使自己有一個緩衝的機會，可以趁機觀察客戶的個性、興趣愛好、講話方式及講話內容等，藉以調整自己的講話方式。

日本著名的經濟評論家高島陽曾經說過一句膾炙人口的話：「一見面就談生意的人，是三流的銷售員。」

也就是說銷售員不妨先與顧客交流一下情感，引導顧客表達自己的看法。例如被允許進客廳或辦公室，老練的銷售員一般會裝出驚喜的樣子說：「哇，你家裝修好時髦、好美觀呀」、「你們這裡好乾淨啊」、「你們這裡好熱鬧呀，一定有什麼高興事」……等等，並且眞心讚美值得讚美的地方。

不急著開口談生意，等於使自己有一個緩衝的機會，可以趁機觀察客戶的個性、興趣愛好、講話方式及講話內容……等，藉以調整自己講話時的重點。

我們常見有些三流的銷售員，一進門不管客戶聽不聽得明白，就嘰哩呱啦講一大串話，速度又急又快，弄得顧客不知所云。這樣的銷售員，縱使講得口乾舌燥，最後還是被戶主拒之門外。

協調的講話方式，猶如中醫的「望、聞、問、切」，根據顧客講話的特點，調整自己的內容、速度、語調、音量……等。

當你急於銷售自己的東西，說話的速度就難免會加快，音量也會提高，就會顯得比較急躁。

這就像你與人爭論一個問題，不管自己的答案正不正確，倘使不能說服對方接受，就會越來越急躁，最後音量也達到了最大，語速也快了不少，不知情的人可能會過來問：「怎麼回事，是在和誰吵架？」

這些都是銷售員應該避免的，一個好的銷售員應該視顧客爲自己的上帝，應充分協調好與「上帝」的講話方式，你會發現「上帝」其實並不都是挑剔的。

《孫子兵法》有云：「攻心為上，攻城次之。」

一個人的心理變化是相當奇妙的。在日常生活中，顧客的心理活動有大致的共同軌跡，銷售員掌握了這一軌跡，就能以不變應萬變，自然會成功地銷售出自己的東西。

一般情況下，顧客在和銷售員打交道的過程中，就如初見一個陌生人一般，會產生戒備和不安，也會產生害怕上當的心理。

這時，就需要銷售員的說服功力，顧客可能會相信銷售員，對產品有大致的瞭解，但仍不會全然相信，即使在最後決定購買時，總是會懷疑自己買的東西是否貴了。所以，在銷售東西時，千萬記住：讓顧客自己做決定。

用心去了解自己的顧客

與顧客保持同樣的語言、習慣，以同樣的方式行事，持同樣的興趣愛好，甚至宣稱有同樣的信仰，顧客就會對你產生認同感。

美國銷售心理學專家羅伯特·德格魯特曾經這麼說：「在銷售行業，你要想成功，你就必須明白自己的產品和服務對顧客具有什麼樣的價值，你得用心去瞭解顧客。」

因爲，顧客具有支配本身貨幣的權力——買或不買；身爲消費者，他們希望自己的需求得到滿足。

瞭解顧客，應該瞭解以下三方面：一是顧客的社會階層；二是顧客的習性特徵；三是顧客的需要，或廣義上的消費者需求。

一個業績非凡的化妝品銷售員在總結自己的成功經驗時說：「我的前輩常教導我說，要瞭解化妝品的本質。化妝品不是生活必需品，而是奢侈品，昂貴的化妝品，正好可以滿足某些女性特有的虛榮心。所以，在銷售時就要多費功夫，多利用讚美的語言，讓顧客油然生起愛美之心。」

與顧客保持同樣的語言、習慣，以同樣的方式行事，持同樣的興趣愛好，甚至宣稱有同樣的信仰，顧客就會對你產生認同感。

這一點對於建立信任感，使彼此相互理解至關重要。

作爲一個銷售人員，講話的方式應該靈活多變，與顧客立足於同一層次、講同樣的語言，這一點非常的重要。

顧客的一般特徵可以經由觀察和聊天中得到，這比單純地從側面打聽顧客更易於把握，但這並不是說銷售人員就可忽視其他瞭解顧客的途徑。

顧客的一般特徵包括性別、年齡、婚姻狀況、愛好與娛樂、外表以及常用物品等。就性別來說，若顧客是異性，那麼，你的交談能力就顯得更加重要。

據心理學家測試的結果，東方國家的銷售人員面對異性顧客，尤其是年輕美貌的異性顧客都會感到拘謹，這可能是某些傳統的觀念使他們不能輕鬆自如地進行交談所致。

其實，與異性顧客打交道，重要的是不能隱藏任何一種感受到的情感。

就年齡而言，若顧客的年齡較小些，你就應盡自己的經驗做到對他有所助益，幫助他並獲得他的尊重。

顧客的婚姻狀況，對你如何介紹產品的用途是一個有用的訊息，因爲，幾乎每一類顧客都會根據個人或家庭的需求，來衡量你所銷售的產品或提供的服務是否適用。面對已婚的顧客，在銷售的每一個階段，都應盡可能地把顧客夫婦雙方都考慮在內。

如何讓自己的「語言」動聽？

若要語言動聽，讓聽者產生愉快的感覺，就要適度把對方當成談話的中心，使對方在心理上獲得一種被尊重或寵愛的感覺。

平時，我們與人交談、交往的時候，大都希望自己能在對方心目中留下一個良好的印象，因此，莫不講究語言方面的技巧和修辭。

語言的技巧，著重在「巧」字上。掌握了一定的語言技巧，對於日常的交際活動肯定大有助益，但是光講究技巧，本身卻欠缺美感就會充滿匠氣，反而俗不可耐。

要使對方與你交談之後心情舒暢愉快，除了注意說話技巧外，還得從兩個方面來考慮，第一是要給人優雅的視覺形象，第二是要給人悅耳的聽覺形象。

俗話說：「佛要金裝，人要衣裝」，得體的打扮能使對方留下賞心悅目的印象。服飾的搭配要與交談的場景、氛圍相和諧，穿著打扮必須符合本人的年齡、職業和性格。另外，與人交談還應該注意交談的姿態，即使是在非正式場合，也不能忽視自己的舉止風度。

請記住，站有站相，坐有坐相，千萬不要表現出一副懶散的模樣。再者，要懂得尊重交談對象，不要在交談時蠻不在乎地翹腳搖腿，或擺出一副好像很了不起的架式，那是一種很沒有修養的表現。

精神面貌也是視覺形象的一個重點。面色灰暗的人應當適度補妝，上了夜班，眼圈發黑的人應該睡一覺以後再與人交談。誰願意和一個無精打采、說話總是哈欠不斷的人交談？

與人談話的時候，臉上最好帶一抹微笑，因爲微笑是人與人之間溝通的橋樑。但是，萬一眞的笑不出來的時候，也不必費心強裝笑臉，只要以誠摯的態度交談就行。

說話的時候，切記不要舉止輕佻、面部表情誇張、說得口沫橫飛，這些醜態都會令人反感，但是，過分的拘謹也沒有必要。

大家都曉得，若要語言動聽，讓聽者產生愉快的感覺，就要把握抑揚頓挫，注意氣氛，適度把對方當成談話的中心，使對方在心理上獲得一種被尊重或寵愛的感覺。對方明白自己在他人心目中的位置，當然心花怒放。

因此，語言要動聽，要使對方感動，應該時時把對方放在談話的主角位置。

即使對方出了差錯，批評對方之時，也仍然要把對方放在主要位置上。

如此一來，對方會覺得人格受到尊重，即使你沒有嚴厲地批評他，他自己也會深刻地反省，把以後的工作做得更好。

如何使自己成為「銷售王」？

想要成為一個頂尖的銷售員，應該具備讓人信賴的形象，然後活用行銷心理學察言觀色，才能隨時瞭解客戶隱藏在心中的真實意圖。

行銷心理學家羅伯特·路易斯·史蒂文森在提及銷售這個行業時說：「其實，每個人都靠出售某些東西維持生計，只是形式不同。」

銷售是最古老最原始的行銷手段，遠從以物易物的蠻荒時代開始，人類就有了銷售行為。但是，不可否認的，縱使到了電子商務蓬勃發展的今日，以人為主的銷售行為仍然是最直接、最有效的銷售方式，無法完全以其他行銷手段加以取代。

既然銷售是世界上最古老的職業之一，隨著時代的演進，銷售員就有著五花八

門的「稱號」，例如外務、營業員、業務代表、業務經理、銷售顧問、銷售專員……等等。

在美國，有難以計數的人從事銷售工作，但是，只有百分之十懂得用好口氣創造好運氣的銷售員能夠締造輝煌的業績，榮登銷售的頂峰，成爲衆所矚目的「銷售王」（Top Salesman），其餘百分之九十的人則在曲折而又崎嶇的銷售道路上，氣喘吁吁地望塵興嘆。

對企業來說，「銷售王」無疑是傑出的「大人物」，因爲他們能以嫻熟的銷售技巧賦予商品生動的靈魂，讓顧客注意它，繼而喜愛它，並心甘情願地爲它掏出錢包。

發明大王愛迪生曾說，成功是百分之一的天賦加上百分之九十九的努力；行銷的領域也是如此，想要成爲首屈一指的「銷售王」，也必須靠著百分之一的天賦加上百分之九十九的勤奮。

很少人天生就是銷售大王，也很少人天生就具有銷售的才華。只要你不懈地努力，鑽研說話和銷售的秘訣，終有一天也會跨越那百分之十的門檻，登上「銷售王」的寶座。

想要成爲一個頂尖的銷售員，首先應該具備讓人信賴的形象，然後在與客戶進行良性互動的過程中，活用行銷心理學察言觀色，才能隨時瞭解客戶隱藏在心中的眞實意圖。

當然，風趣幽默的說話技巧與和顏悅色的銷售態度，也是成爲「銷售王」不可缺少的關鍵要素，因爲，你談話的「口氣」，將會決定你的運氣。

銷售員必須具備什麼魅力？

銷售員沒有金錢慾望不可能成為「銷售王」，但是不能貪婪過度。日本經營大師松下幸之助說得好：「利潤是企業為公眾真誠服務之後，所獲得的報酬。」

有位詩人寫過一句寓意悠遠的小詩：「黑夜給了我黑色的眼睛，我卻用它尋找光明」，把它用在銷售方面也頗爲適合。唯有擁有誠實正直的心靈，一個人才能用黑色的眼睛尋找到光明的遠景，尋找到屬於自己的金錢、榮譽。

某天，一個身穿工作制服的人開著一部卡車，進入市的一家汽車維修廠保養車子。保養完畢後，他自稱是某某運輸公司的資深司機，要求老闆在他的帳單上虛報一些零件費用，好讓他回公司請款，並且暗示會給老闆「好處」。但是，他的要求被老闆毫不猶豫地拒絕了。

那個司機見老闆「不識好歹」，便大聲嚷嚷：「大家都是這麼幹的，我的生意可不小，我們公司有很多司機，如果你跟我合作，以後他們就會常來光顧，何況現在修車拿回扣是保養廠公開的秘密，你不遵守這個『行規』，鐵定沒生意上門，我看，你的維修廠也別開了！」

老闆聽了十分火大，要那人馬上出去，到別處去談這種「生意」。

忽然間，那位司機轉怒爲笑，並露出敬佩的眼神握住老闆的手說：「其實我就是那家運輸公司的老闆，我一直在尋找一家信得過的維修廠當固定的配合廠商，你想不想和我談這筆生意呢？」

這家運輸公司的車輛大部分在市營運，以往若是車子故障或需要保養，都是由司機自行找維修廠，不少司機趁機浮報費用。經過這番測試後，這家公司規定，所有的車輛都必須到這家維修廠維修，或指定裡頭的技師出勤。

維修廠的老闆正是因爲誠實可靠得不通「情理」，反而獲得大客戶的信賴，得

到一筆固定的大生意。這個例子充分告誡我們：誠實一定會獲得回報。

記住美國行銷心理學家羅伯特·德格魯特所說的話：「你可以在某些時候欺騙某些客戶，但你卻不能在所有的時候欺騙所有的客戶！」

要做大生意，就要先學會做一個誠實的人。因爲，人格是無價之寶，只有品格端正、誠實可靠，才能獲得別人尊重、信任，把你當朋友，彼此成爲生意上的忠實夥伴。想要成爲一個出色的銷售員，也是如此，首先要努力使自己成爲品德高尙的人。假如品行不良，不僅客戶不會相信你，你的老闆、上司、同事也不會信任你。

正派經營的公司招聘營銷人員時，通常都會把品德操守列爲第一要件，因爲消費者、客戶、社會大衆一般都經由營銷人員來認識一家企業的形象、素質、層次。銷售人員處於企業與社會接觸的最前線，無疑是向社會反映企業內涵的一面鏡子。事實上，消費大衆也經常透過對銷售員的評價，來評斷一家企業和它的產品。假如一個企業的業務員態度良好、敬業專業、誠實可靠，那麼消費者便能很快接受這個企業的產品。

遺憾的是，有許多銷售員忽略了這個最基本的原則，反而認爲在這個物慾橫流的世界，銷售員唯一目的就是想盡一切辦法提昇業績，爲了「獲利」可以不擇手段，使盡一切欺騙的伎倆。這種短視近利的銷售員，可能會在短時間內創下輝煌佳績，但他們絕不可能達到「銷售王」的境界。

有位資深的銷售員說：「在銷售的領域中，最低層次的是唯利是圖；最高境界則是兼顧利與義，如此業績才能長盛不衰。」

誠然，銷售員沒有金錢慾望不可能成爲「銷售王」，但是不能貪婪過度。日本經營大師松下幸之助說得好：「利潤是企業為公眾真誠服務之後，所獲得的報酬。」銷售員如果一味爲了報酬而追求業績，這樣的業績就像是美麗的「煙火」，縱然會有一時的輝煌，但終究是短促而易逝的。

自信與熱情必須恰到好處

過分的熱情，甚至搖尾乞憐地討好顧客，反而會讓人覺得你太沒有格調，也不會信任你所銷售的產品。沒有自尊的熱情、友善，充其量只能算作諂媚。

我們必須清楚，自信並不是自負。

一個頂尖的銷售員絕不是那種自吹自擂的人。因為「老王賣瓜，自賣自誇」的銷售方式，只會讓人嗤之以鼻，消費者最討厭的就是那種誇大其詞、給人油嘴滑舌感覺的銷售員。

頂尖的銷售員能夠在言詞方面自我克制，專注於銷售，忍讓顧客，絕不和顧客發生爭辯。

對人友善，必有回報。小狗表示友善就搖搖牠的尾巴，人則用微笑來表達。友善就是真誠的微笑，親切的關懷。

和田里惠是個懂得「用口氣創造運氣」的銷售高手，曾經連獲日本全國銷售競賽獎，七次獲得到海外旅遊渡假的機會。和田里惠對慕名前來打聽銷售絕招的人說：「我不認爲銷售有什麼秘訣，只是我太喜歡這個工作，銷售成功了固然帶來欣喜，即使失敗了，也交了不少朋友。」

她每次前去海外旅遊，總會給她的客戶寄上一些風景明信片，她說：「一則是問候他們，二則感謝他們，並請他們分享我在海外所見的美麗風光。畢竟是因爲他們的幫助，我才有機會獲獎的。」

當然，自信、熱情、友善都需要恰到好處。過分的熱情，甚至搖尾乞憐地討好顧客，反而會讓人覺得你太沒有格調，也不會信任你所銷售的產品。沒有自尊的熱情、友善，充其量只能算作諂媚。

死纏爛打不是最好的方法

銷售員光憑韌性死纏爛打，並不是最好的辦法，聰明的銷售員通常的做法是：受到拒絕後，認真思考這個客戶對自己所銷售的產品，究竟有沒有潛在需求。

業務員的工作相當辛苦，沒有刻苦耐勞的精神很難幹下去。刻苦耐勞是銷售人員必備的基本要件，同時也是一個銷售人員的資本。例如，即使是夏天，在毒辣的太陽下，我們總會看到一些銷售員行色匆匆，渾身冒汗地走訪客戶。

業務員若是沒有刻苦打拼的精神，光躺在辦公室裡吹冷氣、掛掛電話，就妄想訂單如雪片般從天而降，可能就會餓得前胸貼後背。

要做成一筆生意，往往無法一帆風順，會遇到許多困難與障礙，這時就要想辦法解決自己遭遇的問題。一定要有韌性、耐心，百折不撓。如果一遇到困難就打退堂鼓，一遭到拒絕就灰心了，那就什麼事都做不成了。千萬要記住「精誠所至，金石為開」這句至理名言。

在知識掛帥的時代，動腦是銷售的第一步。

日本棒球明星落合博滿獲得「三冠王」殊榮，接受媒體採訪時說：「我能獲得這個頭銜，並非由於過人的天賦，也不是拼命練習的結果，而是對棒球的熱愛與不斷思考。」

事實上，不論生意也好，運動也好，有許多一流的從業人員並不是全靠埋頭苦幹而得到今日的地位，而是不斷地追求完美，同時善於思考。

有句俗話說：「大腦宛如鐘錶，只有不停地走才不會生銹。」懂得不斷思考尋求最佳答案的人，工作效率一定優於僅知道拼命工作的人。這也正是頂尖高手與平庸之輩的最大差異所在。

法國思想家伏爾泰說：「人生就是不斷思考的過程。」

的確，每個人都得認眞思考，因爲，行爲正是思考主導之下的產物。但是，並不是所有的銷售員都懂得思考。

所謂「思考」，其實是不斷的探討與嘗試錯誤後，尋找出正確答案及最好的方法。例如，有許多業務員誤解了「鍥而不捨」的意義，以爲即使是遭遇客戶一再拒絕也不死心，只要不斷地拜訪客戶，最後，對方終究會被自己的誠意感動，而做成了生意。

這種想法，就是未經過深度思考，一味以字面上的意思來解釋「鍥而不捨」。這種努力不懈的銷售精神，固然也是重要的法則，但認眞地檢討銷售的眞諦，就必須以更審愼更有效率的態度行之，否則不可能獲得最完美的結果。

我們不妨換一個角度分析，一個銷售員不斷地拜訪拒絕銷售的客戶，最後可能終於成功；還有一種可能是，這個客戶最後連門也不開。因此，銷售員光憑韌性死纏爛打並不是最好的辦法，聰明的銷售員通常的做法是，受到拒絕後，認眞思考這個客戶對自己所銷售的產品究竟有沒有潛在需求，如果根本沒有這種需求，何必消耗大量的時間去換取一次又一次的「閉門羹」？

銷售員的每一次銷售行動都應以「審慎思考」做基礎，並不斷地調整出擊的對象，從中摸索出最佳的行銷兵法，經過日積月累，才可能使自己的業績大幅增長。只有對所有的顧客都加以注意觀察、分析、總結、歸納，才能使自己的工作做出成績來。

只有做一個「有心人」，才能捕捉到每一個細微的變化，做出迅速的反應，把不同的產品販售給最適當的顧客。只有勤於思考，才能領悟銷售的竅門，才能提高銷售業績，才能做個頂尖的銷售員。

輯10. 適當的話題是交談的潤滑劑

一個銷售員的魅力，

往往來自於他的博聞強記、能言善道。

聊天只是為銷售增添點潤滑劑，

使交談的氣氛更輕鬆，

並非曲意奉承或揭人隱私。

適當的話題是交談的潤滑劑

一個銷售員的魅力，往往來自於他的博聞強記、能言善道。聊天只是為銷售增添點潤滑劑，使交談的氣氛更輕鬆，並非曲意奉承或揭人隱私。

具有良好的口才，又懂得留意說話口氣的人，必然是商場上的常勝軍。口才是現代社會必備的競爭資本，「用口氣創造運氣」更是商業社會的成功之道，唯有具備良好的說話能力，才能在商業社會遊刃有餘。

身爲一個業務員，無可避免地要與各行各業、各種層次的顧客接觸，因此，除了注意談話的語氣之外，更應該清楚什麼人喜歡談什麼話題，才能藉由共同的話題，拉近彼此的心理距離。

銷售員的知識面要廣博，但不一定要深精。因爲，銷售員沒有過多的時間、機會對每一項事物都進行深入的瞭解和研究。

銷售員所需要的知識非常龐雜，可能涉及天文、地理、旅遊、時事新聞、文學、美術、音樂、體育、種花、釣魚……等等；即使是自己不喜歡的領域，至少也要有粗淺的認識。

許多銷售員都有一種習慣，每天出門前買一份日報或娛樂、體育等報刊雜誌，或是留意即時新聞，目的就是要從中發現適宜交談的新話題、熱門話題，以及最新發生的奇聞異事。

身爲銷售員，要隨時隨地蒐集話題，並不斷地更新，才能在商談時，配合時間、對象，選擇適當並且能引起對方共鳴的話題。

當然，這並不意味著銷售員要對每一項話題都特別愛好，成爲一個無所不精的「專家」，過於強調自己興趣廣泛、知識淵博，有時反而會適得其反。

有時爲了應付一個有特殊嗜好的客戶，你不妨「臨時抱佛腳」，設法多瞭解一此相關方面的知識，原則是「與其求深不如求廣」。

有人也許會批評銷售員總是道聽途說，專談些八卦、小道消息，不過，一個銷售員的魅力，往往來自於他的博聞強記、能言善道。

況且，談論這些話題只是純聊天，爲銷售增添點潤滑劑，使交談的氣氛更輕鬆，並非曲意奉承或揭人隱私。

所以，你不妨多活用3C產品，每天早晨出門前看一下新聞，帶著「剛出爐」的「新鮮」話題去見你的顧客。

要銷售東西，先銷售自己

想要取得顧客好感，第一次上門的時候就要讓他第一眼就喜歡上你。首先要注意儀表，得體的服飾、儀容，周到的禮節，溫和積極友善的態度，都是建立良好的第一印象的要素。

一個銷售人員想要銷售產品，首先得銷售自己。如果自己不能給客戶一個良好的印象，必然會連帶影響到產品的形象和企業品質。

人通常是感性的，顧客能否接受某企業的產品，往往取決於能否接受企業銷售員；銷售員能否在雙方之間建立良好的合作關係，往往取決於銷售員展示給顧客的第一印象。

「鵝眼效應」在人際交往和銷售中無處不在，顧客習慣把銷售員良好的第一印象放大，在愛屋及烏的情況下，進一步對其公司和產品產生好感。同樣的，不良的第一印象也會被顧客放大，無形中會對該公司的產品產生反感。

想要取得顧客好感，第一次上門的時候就要讓他第一眼就喜歡上你。要讓人留下良好的第一印象，首先要注意儀表，要穿著得體，進退有禮。得體的服飾、儀容，周到的禮節，溫和、積極、友善的態度，都是建立良好的第一印象的要素。

如果一個穿著嬉皮服裝的銷售員向你銷售健康食品，恐怕你是無論如何也不敢買的。他給你的第一印象已經讓你懷疑：「他賣的東西能吃嗎？」或「他是否會賣違禁物品給我？」

女性銷售員以淡妝爲宜，舉止要顯得落落大方，切忌不能過分濃妝艷抹，或故意流露很妖冶嫵媚的樣子。那樣會給顧客不端莊、過於輕佻的不良印象，顧客會認爲妳不是來銷售產品，而是來銷售自己的色相。

一個成功的銷售員的服飾重在得體、自然、合時、合宜，會見客戶前先會對著鏡子整裝。穿著既不能太正式，也不能太隨便，要適合自己銷售的商品。在一般情況下，銷售員穿西服較為正統、嚴謹、不刺眼。例如，美國、日本的許多大公司都會對雇員的服裝嚴格要求：皮鞋要擦乾淨，襯衫的釦子要釦上，女職員裙子不能過膝，而男職員西服不能有縐褶。

此外，銷售員的儀容應經常修飾，保持清爽整潔，切不可蓬頭垢面，要給客戶鮮明悅目的第一印象。

銷售員隨身帶的東西很多，如名片、筆記本、錢包、梳子、打火機、鑰匙，以及關於商品的說明、樣品、訂單……等等，這些零件都應分門別類地整理好，不能在顧客面前慌慌張張的，找不到東西露出狼狽相；也不能手忙腳亂地掏出不該給顧客看到的東西，甚至嘩啦一聲把零零碎碎的東西倒滿一桌子，等到找著東西，客戶已經不耐煩了！

不要以為這是開是玩笑的例子，其實，這樣邋遢的銷售員四處可見，給我們很大的啓示是：出門之前，「零件」一定要裝配好！

爲了避免出洋相，出門前不妨按下面這個清單檢查一下你的「行頭」：

頭髮：男性的頭髮不能太長，大約二三十天就應理一次髮。有染髮習慣的人，要愼挑適合自己的顏色，不要太過詭異。

眼睛：眼睛是心靈的窗戶，這扇心靈的窗戶要保持明亮有神。

鬍子：鬍子一定要刮乾淨，每天早晨都應刮鬍子。

雙手：雙手要隨時保持乾淨，定時修剪容易藏污納垢的指甲。

衣著：注意外套不要有頭皮屑或其他髒東西，褲子要筆挺，檢查釦子是否扣好，拉鏈是否拉上。襯衫的領子、袖口保持乾淨。襪子必須每天更換，否則脫鞋之後會散發異味。

配件：領帶是否與衣服相配，是否歪斜？鞋子是否與衣服相配？袖釦、領帶夾、手錶，應選擇不刺眼的樣式，使自己看起來大方得體。

什麼時間銷售最容易成功?

吃午飯或快吃午飯的時間絕對不要去拜訪客戶，特別是初次拜訪。一般的情況下，你應該自行吃過午餐之後，到下午上班時間再去登門拜訪。

雖然做銷售可以隨時隨地地拜訪顧客，但也應注意迴避某些日子和特定的時間。如果客戶是星期日休息，最好不要星期一前往訪問。因爲休息日的第二天業務量比較多，前去訪問是不明智的，特別是上午更是一大忌諱。如果那一天非去不可的話，則必須事先電話預約，而且盡可能安排在下午。

月底一般各公司工作都很忙，最好不要選擇在這個時候去拜訪。

在具體時間上，應該迴避在早上剛上班時登門拜訪。因爲早上要開會、作準備工作等，比較忙碌，因此在上班一個小時之後再去比較好。

吃午飯或快吃午飯的時間絕對不要去拜訪客戶，特別是初次拜訪。一般的情況下，你應該自行吃過午餐之後，到下午上班時間再去登門拜訪。

快要下班的時候，也不要去拜訪客戶，因為這個時間對方會急著想下班，銷售效果不會理想。如果到了下班時間你還不走，糾纏著對方，要對方聽你介紹產品，會引起對方的反感。

另外，傍晚快下班時是收拾整理一天工作的時間，如果這個時間找客戶談生意，對方往往會草草應付一下，說不定本來可以做成的生意反而做不成了。

如果你想晚上宴請客戶的話，也不要恰好在下班前幾分鐘才去，因為周圍的人一眼就會看出，而且有時會產生嫉妒心。

在這種情況下，選擇下班前一個小時進入辦公室為宜，這樣你就有充分的時間和恰當的時機，跟你宴請的對象談定宴請的時間地點，你還可以裝著辦完事情與你所拜訪的人道別，其實，你只是先到某家餐廳恭候罷了。如果能用電話解決問題，

那是再好不過了。

如果要和顧客事先約好時間，要爲對方留出選擇的餘地。對顧客來說，提出具體時間的這種建議比較容易接受。當銷售員泛泛地問顧客什麼時間有空時，顧客總覺得他的時間表安排得滿滿的，或者覺得會見銷售員還不如他休息重要，他可能就會說近期沒有空。如果你向顧客提出某一段時間或具體時間，顧客便會認爲你的拜訪不會佔用他太多時間，而且也會認爲你有較強的時間觀念。

一問一答學問大

談判中的任何一次問與答都大有學問，若是好好利用，將足以控制對手的心思，達成深遠且巨大的影響。

構成談判的內容，不僅包括陳述、辯論、討價還價，還有兩項不可缺少買賣雙方的問與答。

談判中提問的主要目的，通常是爲了打開話匣子並彰顯主題，以利討論、溝通。可以針對不同主題提出不同的問題，也可以用不同的方法、不同的角度，提出對同一問題的疑惑。

提問的重要作用，在於引起注意，爲對方的思考提供一個既定方向，除此之外還可以獲得自己不知道的資訊、表達感受、引起對方的思考，並促進協議的達成，幫助相當大。

常用的提問方法，可歸納爲如下幾種：

• 引導性提問

引導性提問指對答案具強烈暗示性的問句，幾乎可令對手毫無選擇地按發問者所設計的答案作答。

這是一種反意疑問句，目的在使對方贊同自己提出的觀點。例如：

「講究商業道德的人是不會胡亂報價的，您說是不是？」

「這價格對你我都有利，不是嗎？」

• 坦誠性提問

坦誠性提問是一種使人感到推心置腹、較友善的發問方式。

一般在對方陷入困境或有難處時提出，目的在協助解決困難，因此能使談判氣氛變得較和諧。例如：

「請告訴找，您至少要銷掉多少？」

「對於我方的觀點與建議，您是否完全清楚呢？執行上有任何困難嗎？」

• 封閉式提問

封閉式提問指在特定範圍內引進肯定或否定答覆的發問，可以獲得特定資料或確切的答案。例如：

「您是否無法對產品提供售後服務？」

「我方能得到優惠價格嗎？」

• 開放式提問

開放式提問是指在廣泛領域內引起廣泛答覆的疑問，通常無法只用「是」或「否」等簡單字句回答。例如：

「請問您對本公司的印象如何？」

「您對當前市場的需求狀況有何高見？」

由於不限定答覆範圍，對方能夠暢所欲言，提問者也可獲得廣泛資訊。

・證實式提問

證實式提問是針對對方的答覆重新措辭，促使提出證實或補充（包括引申或舉例說明）的一種發問。

此一方式不僅足以確保談判各方在述說「同一語言」的基礎上進行溝通，還可以獲得較充分的資訊，並表示提問者對所得答覆的重視。

例如：「您剛才說，對目前正在進行的這筆生意可做取捨，這是不是代表您擁有全權和我方進行談判？」

・借助式提問

借助權威人士提出的觀點以影響談判對手的一種提問。例如：

「我們已經向專家請教過，對貴公司的產品有了較深入的了解，因此想請您考慮一下，是否把價格再降低一些？」

當然，所謂的權威人士應該是對方所了解的、確實具名望者，才有辦法發揮預期作用，產生積極影響。

別小看了談判中的任何一次問與答，其中可大有學問。若是好好利用，將足以控制對手的心思，達成深遠且巨大的影響。

小心問題裡暗藏的言語陷阱

商業談判過程中，提出的問題往往能達到誘導作用，所以有問必答很可能不知不覺陷入對方的圈套裡。

談判是一種動態的、充滿變數的活動，總難以完全如預想般順利。一來一往的交涉過程中，常會面對下列幾種狀況：

- 不知道應該怎麼回答

有時，你會不知道該如何回答某個問題，也有些時候，你需要一段時間來整理自己的思路。

大可表明還需要考慮的時間，而不要倉促地給出不理想的答案。

・對答案一無所知

如果對方提問，你卻對答案一無所知，那麼就婉轉地表明「我不知道」，然後設法找出來。可以告訴對方：「我現在不清楚那個地區的銷售狀況，但是我可以查一查，明天上午之前給你答案。」

千萬不要冒險猜測，除非明確地告知聽眾你的回答僅僅是猜測。

・需要較長時間思考

碰上需要思考才能回答的問題，不妨說「這個想法很好，讓我們一起來思考」，然後寫下問題的要點，釐清脈絡。

・感到難堪或為難，不易回答

有些問題非常不易回答，甚至會使人感到難堪，因爲它們的意思不明確，或者懷有相當敵意。

這時候千萬要保持冷靜，以從容態度擺平危機，不要讓喜怒形於色。

・提問者的問題涵義不明確

涵義不明確的問題一般說來會比較長，不連貫且涵蓋面廣泛。面對這種情形，在解答之前，不如先設法換句話說，找出眞正的焦點所在。

如果提問者堅持原來的提法，不願意加以調整，你不妨直接告訴對方「可惜我們沒有足夠的時間討論」，或者「可能要等到談判結束後，才有辦法進行更深入的探討」。

・提問者的問題具明顯控制傾向

有些問題根本不是眞正的問題，只是一些陳述。對於這種「迷你談判」，你大可不必花太多心思回答，只需要對他們的評述表示感謝，對他們的想法加以說明，然後便可繼續談判。

另一種具控制傾向的問題，是聽衆自問自答或專以自己的興趣爲目的。面對這類情況，你必須考慮是否需要重新提出雙方的溝通主題，或者改變思路，把問題回拋給提問者，諸如反問：「那麼，您認為我們該怎麼辦？」

• 對方的問題或態度不友善

聽衆可能會因爲資訊的不足、欠缺安全感而產生敵意，這時，你該嘗試用事實與道理來打動他們。

面對不友善的問題，回答前請務必先深呼吸一口氣，避免以情緒化態度回應，讓狀況變得更遭。

有些時候，你能夠找到你與提問聽衆的共同之處，例如「你我都在努力做最符合客戶利益的事」，不過也有些時候，你會別無選擇，只能承認自己不同意提問者的觀點，然後清晰明確地解釋雙方的差異，以求加以説服。

商業談判過程中，提出的問題往往能達到誘導作用，所以有問必答很可能不知不覺陷入對方的圈套裡。

談判高手絕對不會「知無不言」，而會聰明地視情況差異，採取分別應對原則，說出最合宜的話：

1.回答問題之前，給自己一些思考的時間。
2.未完全了解問題之前，千萬不要回答。
3.有些問題根本不值得回答。
4.有時候，回答整個問題，倒不如只回答某一個部分。
5.逃避問題的最好方法，就是顧左右而言他。
6.以資料不全或不記得為藉口，暫時拖延。
7.讓對方闡明自己的問題。
8.倘若有人打岔，不妨就讓他打擾一下。
9.針對問題作出的答案不一定就是最好的答案，甚至可能是愚笨的回答，所以不要在這方面花費太大工夫。

別小看任何一個問題，裡面可能都暗藏著重要訊息或對手佈置的陷阱。有問必答是愚蠢的行爲，會讓你洩漏太多資訊，千萬不可不愼。

提問技巧比你想像得更重要

能否在談判中適當地提問非常重要，因為這是發現、獲得資訊、進行溝通的一種重要手段。

無可諱言的，具有良好的口才，能輕鬆說服別人的人，必然是人生戰場上的常勝軍。如果你想成爲這樣的傑出人士，就必須在各種會談場合掌握自己的說話語氣，鍛鍊自己的說話能力。

談判參與者經常會運用提問引起對方注意，並爲對方的思考提供一個既定方向，進而獲得自己不知道的資訊和不了解的資料。可以說，提問技巧是一種必備技能，比想像得更爲重要。

談判中提問的類型很多，各具不同動機與功用。

提問可以僅單純針對某一具體問題進行，例如：「請問您是否對售後服務感到不滿意？」

也可以針對總體或全局狀況進行提問，不限定答覆範圍，例如：「您對當前市場競爭狀況有什麼看法？」

探索式提問是這樣的：「若增加數量，能否在價格上更優惠一些？」

引導式提問的功用則在使對方別無選擇，只能按照發問者的希望回答，例如：「經銷這種商品對我方來說，利潤很少，如果不能得到百分之三以上的折扣，抱歉恕難成交。」

提問還可以是協商式的，例如：「您認爲折扣定爲百分之三妥當嗎？」由於語氣較婉轉，一般易爲對方接受。

從以上幾個例子可以看出，提問的方式多種多樣，必須針對情況選擇最適當的方法，才能收到較好的效果。

此外，還要把握好時機，儘量在對方發言完畢之後再提問，以避免打斷對方的談話，造成反感。

如果發言者的陳述過於冗長且不知節制，當然就另當別論了。你可以在對方發言停頓、間歇時提問：「請問您主要的意思是？」「上一個問題我們已經理解了，那下一個問題呢？」

能否善用言談技巧，在談判中適當地提問非常重要，因為這是發現、獲得資訊、進行溝通的一種重要手段。

運用提問技巧應考慮以下幾點：提出什麼問題？如何表述問題？如何發問？對方將產生什麼反應？

具體來說，必須注意的有：

1. 慎擇提問時機，不要引起對方的反感。

2. 以中等語速發問。

若發問太急速，容易使對方認為你不耐煩或持審問態度，太緩慢發問則會使氣氛過度沉悶，導致效率低下。

3.對初次見面的談判對手，在進行第一次發問前應徵得對方同意，這是一種基本禮貌。

4.由廣泛性的問題入手，再轉向專門性的問題，如此將有助於縮短溝通的時間，同時幫助自己從回答中擷取有用資訊。

5.所有問句都必須圍繞同一個中心議題，避免偏離。

6.提出敏感性問題時，應該說明發問的理由，以表示尊重。

7.不要使用威脅性或諷刺性的口吻，更避免盤問式或審問式提問。

從本質上說，談判就是談話的過程，由一系列的問答構成，所以成功的談判不僅必須掌握高超的語言藝術，還應具有藝術家的敏銳和偵探家的機警，以洞察對方的心理活動，顧及真正需要。

切記，真正成功的談判不是一方的勝利，而是參與兩造的雙贏。

巧妙提問，輕鬆說服他人

光憑講道理說服不了任何人，談判者使用的所有工具和技巧中，提問很可能是最重要的一個，扮演著關鍵角色。

談判過程中，若能適時地主動提問，對參與雙方的溝通、磋商將產生促進作用，有時能產生畫龍點睛的效果。

大致說來，主動提問的好處有以下兩項：

・控制談話

主動提問者多半能在銷售活動中控制談話走向，談判也是一樣。

本領高超的談判者，絕不會讓對方藉提問控制談判。兩位談判高手面對面時，

甚至會就誰應該提問進行談判，所以有時你會聽到談判參與者說：「我已經回答了一個問題，現在該你回答我了。」

既然是談判，就必定帶有產生衝突的可能性，面臨觀點或立場的衝突，談判專家們是如何處理的呢？

最有效方法之一，就是用提問來代替直接表達反對。

面對同樣的狀況，缺乏經驗的談判者可能會說：「我不同意你的意見，因爲它行不通。」

這種陳述不僅會導致敵意，還會引起對手的提問，迫使這位缺乏經驗的談判者進行自我辯護，於不知不覺間顯露自己的弱點。

相較之下，談判行家會傾向於以提問的方式表達不贊成，例如：「您的意見很好，但該如何在操作當中落實呢？」

如果對方的意見確實不可行，辯護起來必定相當困難，提問的談判者自然處於相對強勢位置。

以提問表達反對，對方將較樂於承認自身問題，而不感到有失面子。

用提問形式表達不贊成還有另一個好處：假設對方的建議是可行的，你卻說「我不同意」，最後必定站不住腳，不得不在難堪的情況下做出讓步。但若只說「這該怎麼執行呢」，無論對方的提議究竟可不可行，你都能夠保全自己的面子，不受損失。

• 贏得思考時間

一心不能二用，我們很難在說話同時進行縝密的思考。

談判之時，對手向你提出問題，你必定要用大部分思緒和注意力去回答，同理，既然集中了絕大部分注意力回答問題，就不可能對自己的立場及下一步行動充分地思考。

經驗豐富的談判家都善於利用這一點，當壓力當頭，需要時間進行思考時，他們會故意提出不重要的問題讓對方回答，自己則趁機策劃下一步行動。

提問可幫助減輕壓力，爭取思考時間，或者用以減少對方思考的時間，並施加壓力。之所以說提問能夠控制談話，主要原因就在於回答者必定處於壓力下且無法思考，提問者則得到了喘息的機會。

應當認清一點，光憑講道理說服不了任何人。談判者使用的所有工具和技巧中，提問很可能是最重要的一個，扮演著關鍵角色，若不懂運用，無庸置疑，必定居於劣勢，無法達成自己想要的目的。

想清楚該說的話再回答

審慎琢磨回答技巧，不僅可以達到消極的自我保護，以積極面來說，也可以對他人產生影響，有益於達到說服的目的。

拿捏提問技巧不容易，掌握回答的學問當然也不簡單。

爲什麼說回答不簡單呢？首先，談判者必須綜觀全局、深思熟慮，在商場上說話是「一言九鼎」的，一旦承諾，就不可輕易反悔，否則將因失信付出慘痛代價。其次，由於談判中的提問必定經過精心設計，含有謀略或試探意味，更可能藏著圈套陷阱，因此不可貿然答覆。

以下，提供一些幫助回答問題的小技巧：

• 學會轉變話題

若雙方發生爭執，因爲某些歧見而陷入僵局，妨礙談判的進行，就該轉變話題，另尋方向開始。

這時可以說：「先談另一個主題，等一下再回頭來討論吧？」「這個問題比較複雜，我們不妨分解成幾個小項目來進行。」

• 不要徹底回答

對某些問題無須回答得太詳細，否則在進一步的談判過程中，將可能陷入被動。例如，當對方詢問產品品質問題，不必太詳盡地介紹，只需回答其中主要的某幾項指標，留下品質很好的印象即可。

• 拒絕的答覆方式

談判是爲了達到互惠互利，雙方都滿意的效果，如果無法接受對方的條件，協議將無法簽訂。這時候，就必須加以拒絕。

拒絕時使用的語氣一定要和氣、婉轉，畢竟當不成合作夥伴，也沒必要成爲敵手，可以說：「您的意見很好，我們以後會考慮的。」「我非常喜歡這個產品，可惜預算實在不夠，請見諒。」

• 找藉口拖延答覆

談判中，若是對某個問題未考慮完全，而對方又追問不捨，可以用資料不全或需要請示等藉口來拖延答覆，例如：「對您提的這個要求，我沒有足夠權限給予答覆，需要請示上司。」

拖延並不等同拒絕，只表明還需要再深入考慮。

• 適時反擊

反擊能否成功，要看提出的時間是否掌握得準確。

一般說來，只有在對方以「恐怖戰術」來要脅時，才能使用反擊。它是一種以退爲進的防衛戰，旨在利用對方的力量，再加上自己的力量，發揮「相乘效果」，借力使力，一舉獲得壓倒性成功。

其次要注意一點——使用反擊法時，如果對方不認為你是個「言行一致」的人，效果免不了要大打折扣。

所以，在使用反擊法之前，必須先了解一件事情：在談判對手眼中，你究竟是不是一個言行一致、說到做到的人。

・攻擊要塞

談判，尤其是有關公務的談判，參加者通常不止一人。在這種「以一對多」或「以多對多」的場合，最適合採用的策略就是「攻擊要塞」。

即便談判對手為數眾多，實際上握有最後決定權的，不過是其中一人而已。在此，姑且稱此人為「首腦」，其餘的談判副將則為「組員」。「首腦」當然是需要特別留意的人物，但也不可因此而忽略了「組員」的存在。

某些時候，你無論多努力都無法說服「首腦」，這時候就應該轉移目標，另闢蹊徑，把攻擊的矛頭轉向「組員」，向他們展開攻勢，讓他們了解你的主張，藉此對「首腦」產生影響。

這正如作戰時的攻城掠地，只要先拿下城外的要塞，就可以一路長驅直入。過程也許較一般談判辛苦，但不論做任何事，最重要的就是要能持之以恆，再接再厲，奪取最後的成功。

攻佔城池，要先拿下對城池具有保護作用的要塞。同理，若無法說服，便應改弦易張，設法透過「組員」以動搖「首腦」的立場。

使用「攻擊要塞」戰術，成敗關鍵在於做到「有變化地反覆說明」。

一成不變的陳述方式不可能吸引注意力，因此在反覆遊說的過程中，要特別留意保持彈性、互動性與變化性，以免造成反效果。

如果說提問是一種無形的攻擊，那麼回答就是對自身立場的聲明與保護。審慎琢磨商務談判中的回答技巧，不僅可以達到消極的自我保護，以積極面來說，也可以對他人產生影響，有助於達到說服目的。

用幽默的心情，面對讓人抓狂的事情

幽默的人，不會爲了小事情氣不停

WITH HUMOR FACED WITH CRAZY THING

塞德娜 編著

畢達哥拉斯曾說：

做自己感情的奴隸，
比做暴君的奴僕更為不幸。

成功的人，往往懂得控制自己的心境；失敗的人，則容易困在負面情緒裡作繭自縛。
面對那些讓人抓狂的事情，最重要的其實是先處理好自己的心情，這將決定你最後是化阻力為助力，
舉步向前邁進，抑或就此敗在惡劣的心情之下。當你準備處理事情之前，千萬別忘了先處理自己的心情。

溝通智典

18

有好口氣，才有好運氣

作　　者　陶　然
社　　長　陳維都
藝術總監　黃聖文
編輯總監　王　凌
出 版 者　普天出版家族有限公司
新北市汐止區忠二街 6 巷 15 號
TEL / (02) 26435033 (代表號)
FAX / (02) 26486465
E-mail：asia.books@msa.hinet.net
http://www.popu.com.tw/
郵政劃撥 19091443 陳維都帳戶
總 經 銷　旭昇圖書有限公司
新北市中和區中山路二段 352 號 2F
TEL / (02) 22451480 (代表號)
FAX / (02) 22451479
E-mail：s1686688@ms31.hinet.net
法律顧問　西華律師事務所・黃憲男律師
電腦排版　巨新電腦排版有限公司
印製裝訂　久裕印刷事業有限公司
出 版 日　2020 (民 109) 年 12 月第 1 版
ISBN◉978-986-389-751-4　　條碼 9789863897514

國家圖書館出版品預行編目資料

有好口氣，才有好運氣／
陶然著.—第 1 版.—：新北市,普天出版
民 109.12 面； 公分. - (溝通智典；18)
ISBN◉978-986-389-751-4 (平裝)

普天之下・盡是好書
普天出版家族
Popular Press Family
凌雲
A-Plus Creative Company
文創